8° R
11083

AF464710

L'INSTRUCTION PUBLIQUE

A NARBONNE AVANT 1789

PAR

LOUIS NARBONNE

AVOCAT

MEMBRE DE LA COMMISSION ARCHÉOLOGIQUE DE NARBONNE

NARBONNE

IMPRIMERIE F. CAILLARD, RUE CORNEILLE, 2

1891

L'INSTRUCTION PUBLIQUE

A NARBONNE AVANT 1789

PAR

LOUIS NARBONNE

AVOCAT

MEMBRE DE LA COMMISSION ARCHÉOLOGIQUE DE NARBONNE

NARBONNE

IMPRIMERIE F. CAILLARD, RUE CORNEILLE, 2

1891

8° R
11083

L'INSTRUCTION PUBLIQUE

A NARBONNE

AVANT 1789

Sous ce titre nous nous proposons d'étudier ce que furent à Narbonne, avant la Révolution, les établissements d'instruction publique. Nous avons, à l'aide des documents que les archives mettaient à notre disposition (1), cherché à pénétrer dans un passé jusqu'à présent peu exploré. Dans notre travail nous examinons successivement :

1° Les écoles pendant la période qui précède les XIVe et XVe siècles ;

2° Les écoles au XIVe et au XVe siècle ;

3° Le collège de Mathieu Peyronne qui personnifie, pour ainsi dire, le XVIe siècle ;

4° Le collège des Doctrinaires qui remplaça, au XVIIe siècle, le collège fondé par Mathieu Peyronne ;

(1) Voir le Rapport lu par M. l'abbé Douais au premier congrès de l'Association pyrénéenne tenu à Narbonne le 12 mai 1890 et concernant les établissements d'instruction publique dans le Midi avant la Révolution (Ed. Privat, Toulouse, 1891). — Cf. *Revue des Pyrénées*, 4e trim. 1889 et 1er trim. 1890. *L'enseignement dans le Haut-Languedoc* avant 1789, par M. l'abbé Douais.

5° Enfin quelques établissements destinés à l'instruction des filles, qui existèrent, à Narbonne, pendant les XVIIe et XVIIIe siècles : les Religieuses de Notre-Dame, les Ursulines et les Filles de la Croix.

I

En ce qui concerne les écoles à Narbonne pendant la période antérieure au XIVe et au XVe siècle, les documents font absolument défaut, et nous en sommes à peu près réduits aux conjectures. Nous devons toutefois supposer qu'il en a été à Narbonne comme dans toutes les villes du royaume. Quelles sont donc les règles générales qui régissent les établissements d'instruction et en assurent le fonctionnement ? Elles sont exposées dans les règlements des conciles, dans les ordonnances des rois, et c'est là qu'il faut aller les chercher.

Ce sont les curés qui anciennement tenaient les écoles publiques et enseignaient la jeunesse dans leurs paroisses, comme le prouve le capitulaire de l'évêque d'Orléans de 797 qui commence par ces mots : *Presbyteri per villas et vicos scholas habeant* (Tom. VII des Conciles, col. 1140). Théodulfe, dans son capitulaire, ch. 20, de l'an 820, exhorte les curés à avoir des écoles dans les villes et les villages ; et si quelqu'un les prie de faire étudier ses enfants, ils ne doivent pas s'y refuser, ils doivent au contraire les admettre à l'étude et les enseigner avec grande charité. Les obligations des curés étaient telles qu'ils étaient tenus en allant aux synodes et aux conciles d'amener avec eux leurs écoliers pour qu'on pût juger de leurs progrès, *scholasticos suos comitiis adesse faciat* (Canon 30 du concile de Paris de 829, t. VII des Conciles, col. 1620).

Dès le temps de la seconde race des rois de France, il y

avait des écoles dans les abbayes. Charlemagne y en établit par une lettre circulaire, *de scholis per singula episcopia et monasteria instituendis*; ce fut lui qui établit des précepteurs dans les églises cathédrales et collégiales.

Les premières écoles s'élevèrent donc à l'ombre des cathédrales, des collégiales et des monastères, et furent les premiers germes de celles qui prirent le nom d'universités. On voit dans plusieurs lettres d'Innocent III qu'il y en avait une à Saint-Médard de Soissons ; il y fit recevoir, en dépit de l'abbé, le fils d'une pauvre veuve qu'il fit instruire et entretenir jusqu'à l'âge de quinze ans. Un évêque d'Angoulême, nommé Guilloti, fut instruit au monastère de Saint-Maixent ; Gilbert, abbé de Sithieu ou Saint-Bertin, fut élevé dans cette abbaye même à titre de pauvre écolier. Le prieuré de Saint-Martin du Mans et l'abbaye de Cisoin comptaient des élèves. Urbain IV fut un des élèves de l'école de la cathédrale de Troyes. Guillaume de Flavacourt fut instruit dans l'école du chapitre de Rouen et devint archevêque de cette ville. Le chapitre du Mans avait en 1209 un maître des écoles. Les exemples abondent et on pourrait les multiplier (1).

La cathédrale de Saint-Just, à Narbonne, eut, elle aussi, une école. Le chef de l'école, le *capiscol* ou *écolâtre*, y apparaît au XIe siècle, et, le 11 des kalendes d'avril 1029, Auger, abbé, donne à Pierre, capiscol de Saint-Just, du consentement de l'archevêque Guiffred, la maison que le dit Pierre habitait (2). En 1416, nous trouverons un *maître mage* de Saint-Just. Ce maître mage et l'écolâtre nous semblent unis par les liens d'une parenté bien rapprochée.

L'écolâtre est un ecclésiastique qui existe dans toutes les cathédrales du royaume et qui jouit d'un bénéfice. Dans le principe, c'était lui qui faisait l'école tenue par le cha-

---

(1) *Histoire littéraire de la France*, t. XVI, p. 39 et suiv.
(2) Doat, t. 55, f° 99.

pitre. Il est établi par les évêques « pour prévenir les abus des mauvaises doctrines et pour examiner ceux qui se mêlent d'enseigner la jeunesse *in majoribus vel minoribus scholis*....., pour corriger les désordres quand il y en a, pour visiter et exercer les autres actes nécessaires de juridiction, pour la manutention de la discipline (1) ». Il a, par sa qualité, le droit de préposer des maîtres dans les écoles de la ville ; il visite ces écoles comme chef, comme supérieur, comme surintendant ; on ne peut tenir école sans avoir obtenu de lui des lettres d'autorisation, sous peine d'une amende.

L'institution des écolâtres remonte au moins au VIIIe siècle. Alcuin, précepteur de Charlemagne, avait rempli cette fonction à Saint-Martin de Tours ; Gerbert, précepteur de l'empereur Othon III, fut écolâtre, archevêque de Reims et pape sous le nom de Sylvestre II.

Nous ne croyons pas sortir du cadre de notre sujet en rappelant qu'au XIe siècle, à côté des petites écoles, Narbonne possédait des écoles juives très renommées où des rabbins célèbres faisaient fleurir les lettres hébraïques et que Benjamin de Tudèle mentionnait dans son Itinéraire : « Narbonne, dit-il, est une ville des plus célèbres par rapport à la Loi. C'est d'elle que la Loi s'est répandue dans toutes ces contrées. On y voit des sages et des princes très célèbres à la tête desquels il faut compter le rabbin Kalonyme, fils du grand prince Théodore, d'heureuse mémoire, qui est nommé dans sa généalogie parmi ceux qui sont de la postérité de David. Il a plusieurs terres et possessions qui lui ont été données par des seigneurs du pays, et que personne ne peut lui ravir par force. Parmi ces principaux on peut encore compter R. Abraham, chef du conseil, R. Machir, R. Juda, et plusieurs autres devant lesquels

(1) *Mémoires du clergé*, t. Ier, titre V, ch. II, *passim*.

assistent un grand nombre de sages disciples. Il y a aujourd'hui trois cents juifs à Narbonne (1). »

Parmi les rabbins qui brillèrent d'un vif éclat dans l'académie juive de Narbonne, nous citerons : Abraham ben Isaac, surnommé *Ab beth din* (chef du tribunal), mort en 1178 ; R. Isaac Hak-Kohen, disciple d'Abraham ben David; son disciple Reüben ben Hayyim, auteur du livre rituel ou commentaire sur le Talmud, qui présidait l'école talmudique en 1200 ; R. Meïr Hak-Kohen, qui alla de Narbonne à Tolède où il mourut vers 1264; David ben Levi, auteur d'un commentaire sur le Talmud ; son fils dont le nom n'est pas donné et qui est mentionné comme l'auteur d'un ouvrage de casuistique; R. Meïr ben Siméon, auteur d'un ouvrage de controverse écrit probablement vers 1252; Kalonymos ben Todros, le *nâsi* ou roi des Juifs qui, au XIVe siècle, joua un rôle important dans la dispute des philosophes au sujet de la défense des études hébraïques ; David Kimchi qui, né en Provence au XIIe siècle, vint s'établir à Narbonne où il composa beaucoup d'ouvrages, et dont la famille donna à la littérature un grand nombre d'hommes instruits (2).

II

Pour étudier les écoles du XIVe et du XVe siècle, les seuls documents que nous puissions consulter sont les comptes des clavaires.

Les clavaires sont les receveurs municipaux chargés de

---

(1) *Voyageurs anciens et modernes*, par E. Charton, t. II, p. 159.

(2) Sur l'académie juive de Narbonne, voir *Histoire littéraire de la France*, t. XXVII, p. 509 et suiv. ; Emile Saige, *Les Juifs du Languedoc, antérieurement au XIVe siècle*, p. 119 et suiv.

la comptabilité communale (1). Leurs livres, où ils inscrivent au jour le jour les recettes et les dépenses, nous font connaître un peu les faits et gestes des consuls et nous initient à la vie municipale. Un jour ils notent l'état des dépenses faites à l'occasion de la venue du Dauphin à Narbonne et les présents qu'on lui a offerts ; une autre fois, ils marquent l'honoraire d'une messe chantée dans l'église de St-Sébastien « a honor de Dieu et del glorios cors sant mossenhor sant Sebastian per que nos empetres de nostre senhor Dieus gracia de salut et vosces la empedemia que comensava (2). » Malgré leur aridité, ces livres suppléent encore à la lacune que crée dans nos archives le manque des délibérations des conseils de la ville pendant un grand nombre d'années. C'est à eux que nous demanderons quelques indications sur nos écoles.

A côté des écoles presbytérales, comme celle de Saint-Just ou celle du couvent des Frères mineurs (3), Narbonne possède deux écoles publiques, dont la ville a la charge et l'entretien, et situées, l'une en Bourg, l'autre en Cité. Ces écoles sont installées, non dans des locaux appartenant à la ville, mais dans des maisons affermées par elle. De là une grande instabilité dans le choix du local ; il est facile d'en juger par le nombre des propriétaires auxquels est payé le loyer des écoles. Qui choisit la maison où se tiendra l'école? Tantôt le maître, tantôt les consuls. Suivant

---

(1) V. Ducange, t. II, vº CLAVARIUS. Clavarius, cui claves fisci communis commissæ sunt : *Clavaire*, apud Provinciales, in aliquot statutis regis Caroli VII, ann. 1445, et Ludovici XII, ann. 1508. — F. Godefroy, *Dict. de l'anc. langue française*. CLAVAIRE, receveur particulier. Plusieurs justiciers, juges, bailes, viguiers, *clavaires*, procureurs, receveurs, notaires, et autres officiers oudit païs de Languedoc (1393, *Ord.*, VII, 567).

(2) Arch. comm. de Narbonne, CC. 1420, 1450.

(3) Le chapitre général des Frères mineurs, tenu à Narbonne en 1260 sous la présidence de saint Bonaventure, élabora un règlement général d'études pour les écoliers qu'on devait envoyer étudier à Paris. Voy. P. Denifle, *Chartularium Universitatis Parisiensis*, I. 413.

le cas, ceux-ci donnent au maître une indemnité de logement ou paient directement le loyer au propriétaire. En 1444, la ville se met en partie dans ses meubles; elle achète pardevant Me Jean Rodil et moyennant 15 liv. 8 s. 4 d. une maison où se tiendra l'école de Cité; mais elle est toujours obligée de louer une maison pour l'école de Bourg; ce sera tantôt la maison dite des Trois Rois, tantôt celle de Vidal de Castres, celle appelée maison des Bains, et d'autres dont les comptes des clavaires nous révèlent l'existence.

Les maîtres étaient choisis par les consuls après enquête préalable sur leur moralité et leur capacité. Narbonne ayant plusieurs écoles, il y avait plusieurs maîtres, dont l'un exerçait une sorte de suprématie et est indifféremment désigné sous les noms de *maître mage, dominus, recteur, maître de l'école mage*. Les maîtres contractaient envers la ville un engagement pour un temps déterminé, qui pouvait être prolongé et qui durait quelquefois assez longtemps. C'est ainsi que nous voyons deux maîtres fournir une longue carrière. L'un, Martin Hermely, maître mage, paraît en 1439, il est encore à son poste en 1471, soit trente-deux ans de bons et loyaux services. L'autre, Thomas de la Trilha, est mentionné en 1505, mais voit sa carrière brisée en 1511. A la suite de plusieurs plaintes portées contre lui, la ville décide de lui enlever la régence des écoles, et lui paie une indemnité pour le temps qu'il avait encore à courir.

L'enseignement était double et comprenait la grammaire et les belles-lettres. Le premier, consistant dans la lecture et l'écriture, était donné par les grammairiens ou maîtres de *grammatica*, le second par les *maîtres ès arts* et les *bacheliers ès arts*, simplement appelés quelquefois *bacheliers* (1).

---

(1) Le *maître ès arts* était un maître gradué qui pouvait à la suite d'épreuves et d'examens subis avec succès enseigner les humanités et la philo-

Les maîtres des écoles de Narbonne étaient tantôt des laïques, tantôt des membres des ordres religieux. Etaient-ils originaires du pays ou étrangers? Excepté pour quelques-uns, les documents ne s'expliquent guère sur ce point.

La ville entretient ses écoles et paie les réparations, même les plus minimes, qu'elles exigent. Faut-il faire porter la chaire (cadeyra) de l'école de Cité dans l'école de Bourg, le clavaire inscrit minutieusement une dépense de 6 sous 7 deniers. Une réparation faite en 1444 à la maison d'école de Cité coûte 5 livres 11 sous. L'école de Bourg exige en 1446 quelques chevrons dont la dépense s'élève à 13 sous 4 deniers. La chaire où le maître d'école s'assied pour apprendre à lire aux enfants (ont lo domne legis) subit une réparation qui se solde par 1 livre 2 sous 6 deniers. Pierre Olivier, fustier, touche pour travaux à l'école de Cité une fois 12 livres, une autre 31 liv. 13 s. 6 deniers (1).

Les clavaires inscrivent naturellement au budget les gages des maîtres. Ces gages sont variables, ils sont en général assez modestes, 20, 22, 23, 24, 25, 30 livres par an, même 50 à partir de 1527. Ainsi rétribués par la ville, il semble que les maîtres ne dussent rien réclamer à leurs élèves et que l'instruction fût dès lors gratuite. Toutefois l'insuffisance de leur traitement nous permet de penser qu'une rétribution payée par les enfants rendait leur situa-

---

sophie. « Le mot *arts* était synonyme de *lettres* dans l'organisation primitive des universités. Le grade de *maître ès arts* était d'abord conféré par le recteur à la suite d'une thèse de philosophie. Plus tard les candidats furent soumis à deux examens, l'un devant des juges de leur nation, l'autre devant quatre examinateurs tirés des Quatre-Nations de l'Université de Paris, et devant le chancelier de Notre-Dame ou de Sainte-Geneviève. C'était le chancelier ou son remplaçant qui remettait au candidat le bonnet de *maître ès arts*, lorsqu'il avait soutenu les épreuves avec succès. L'Université lui faisait expédier le diplôme. » (Chéruel, *Dict. hist. des institutions, mœurs et coutumes de la France*, v° *Maître ès arts*).

(1) Arch. comm. de Narbonne, CC. 1398, 1444, 1446, 1450, 1494, 1499.

tion moins précaire, sinon beaucoup plus brillante (1). La ville sait d'ailleurs qu'en général les maîtres d'école ne sont pas riches, et les consuls font quelquefois preuve de générosité à leur endroit. En 1466, Jean Capdeville vient voir si les consuls veulent lui confier l'école; ils refusent, mais lui payent une indemnité de déplacement et lui donnent une livre pour s'en retourner.

Un fait assez commun pendant les XIIIe, XIVe et XVe siècles, et mentionné par ceux qui ont étudié l'enseignement public à ces époques, ce sont les legs faits par testament en faveur des écoliers. Par son testament, daté de 1238, Pierre Amiel, archevêque de Narbonne, donna sa bibliothèque aux écoliers qu'il entretenait à Paris, à la condition qu'ils n'en vendraient ni détourneraient aucun article; il n'exceptait de ce don que sa Bible. Cet exemple eut-il des imitateurs? Les écoles publiques de Narbonne trouvèrent-elles des donateurs généreux? C'est là un secret que gardent avec soin les anciennes minutes des notaires et que leur arracheront peut-être ceux qui voudront bien secouer leur poussière et compulser les testaments (2).

Avant d'aborder le collège du XVIe siècle, laissons parler les documents que nous avons recueillis au milieu des comptes des clavaires de la ville: ils expliqueront mieux que nous n'avons su le faire l'organisation classique à Narbonne pendant la période que nous venons d'étudier.

---

(1) Dans son *Histoire littéraire de la ville d'Albi*, M. Jules Rolland donne de très-curieux et très-intéressants détails sur les écoles au moyen-âge dans la ville d'Albi. L'organisation scolaire est, d'après les documents qu'il cite, à peu près la même que celle que nous constatons à Narbonne.

(2) M. Léonce Favatier, notaire honoraire, procède en ce moment à un examen des minutes de son étude antérieures à 1789. Nous devons à son obligeance la communication de quelques pièces que nous avons utilisées pour ce travail.

1389. Gontart lo Franc, clavaire.

F° 184. Avem pagat a M° Jacme de Sulerat M° de las escolas d'esta vila per la pension que li dona la viala per loguier de l'ostal conpar per bileta a xxi de jenier.................................... XX liv. t.

1392. Johan Sartre, clavaire.

F° 148. Ey pagat al maistre de l'escola magi......... .... XLV liv. XIII s. VIII d.

1396. Antoni Berra, clavaire.

F° 139. Ey pagat a M° Jacme de Sulerat mahistre mage de l'ascola......................... VIII liv. III s. V d.

1398. Johan de Sant Laurens, clavaire.

F°s 110 et 111 v°. Paguem per far portar la cadeyra de las scolas de ciautat en borc............. VI s. VII d.

Paguem an P. Amado e an Carlat per i jorn que vaqueron a xxv setembre que garderon las scolas de borc que no volia·: laysar intrar los scolas a la scola de borc.

Paguem à M° G. Boiar M° de las scolas...... VIII liv.

1399. Johan Vidal, clavaire.

F° 112 v°. Le maître d'école est Jacme de Fularat (*alias* de Sulerat). Le 15 octobre, il reçoit 20 livres; le 8 janvier, 15 liv. 9 s. 4 mailles.

1405. F° 109. A M° Johan Campanha M° de las escola mage per partydas de sos gaiges.............. XIX liv.

1406. Frances Lames, clavaire.

F° 139. A M° Johan Andrieu maystre de las escolas per defalcament de sa pensio.................... X liv.

Au même per lo loguier del ostal.. I liv. XVII s. VI d.

1408. Anthony Sapte, clavaire.

F° 69. Paguey a M° Johan de la Fabrica M° que fouc de las scolas de Narbona la soma de seze liv. tor. de lasquals xvi liv. [nu] li eran degudas per resta de la pencio de l'an passat fenit a la festa de Sant Miquel et las xii liv. per la mitat de la pencio de l'an present.

1412. F° 136. Pus e pagat a M° Bñ Sarancoly maistre de

las scolas per la pencio que li dona la vilha per l'an IIIᶜ XII.................................. XXIII liv.

1415. Les comptes de cette année ne portent rien pour les écoles.

1416. Pierre Vidal, clavaire.

Fos 153 et 161. Ay pagat a Me Arnaut de Bielha nebot del mestre mages de Sant Just que solya estre mestre de las escolas........................ II liv. VII s. VI d.

Arnaut de Bielha quitte Narbonne pour aller tenir les écoles de Béziers; il est remplacé par Me Garsiet Arnaut de Bourbonne et reçoit x livres pour ses gages échus.

Me Garsiet Arnaut, maître des écoles, reçoit 30 livres. A la suite de la note relatant cette dépense, on lit ce qui suit (fo 168) :

« El comun ly deu per so que los senhors consols l'avien trames quere per .II. vetz per estre mestre de las escolas, de que cant fouc bengut ac debat am .I. autre catalan que fouc bengut d'abentura que bolya tenyr las ditas escolas, per que fouc hordenat per los senhors consols am consel d'alcus senhors clergues et autres singulas que al dit Me Garsie Arnaut fosson donatz xxx l. t. per los guages d'aquest han et que al mestre catalan resteson las escolas e los deu servyr sens guages aquest han per so que l'autre los ha. »

1417. Pierre de la Rivière, clavaire.

Fo 161 vo. Item a Me Pierre Bonisme procurayre de l'arcediaque mage de Narbona per la pension ho loguier del hostal ont se tenon al present las escolas.. X liv. XVI s.

1420. Berthomieu Vignes, clavaire.

Fol. 101 vo. Pus paguey a XVI de novembre al mestre de la scola maye que fouc vengut novelhament a Narbona... X liv.

Fol. 102. Pus paguey a XXVIII de dezembre al mestre mage de la scola dels enfans per la penchsion que li eza deguda de l'an MCCCCXX............................ XX liv.

1421. Arnaut de la Rivière, clavaire.

F° 105. Ay pagat a Me Vidal Baralyer meystre mage de las escolas per la reparacyo que a fayta en l'ostal en que estan las escolas................ XVIII liv. VI s. VIII d.

1430. Guillaume Tonyer clavaire.

Pension de dix moutons payée à Jean de Deteys, maître des écoles de la ville.

1431. Pierre Combas, clavaire.

Fol. 145 v°. Primo ay pagat..... maistre de lascola mager per son selhary............................ V motos.

1432. P. Degans, clavaire.

F° 158 v°. Ey pagat au VIII setembre a Mos. abesque de Milhau per loguier de un hostal sicou que sieran tengudas las escolas............................ IV moutons.

F° 162 v°. Ey paguat a II dezembre a Mastre J. Genesta maestre regent de las escolas per resta de so que li era degut......................... XII liv. VI s. VIII d.

F° 164. Ey paguat a XVIII dezembre a Mos. Bertrand Seneguat procurayre de Mos. Huc de Lespina arcidiague de Corbeira en deduction del loguier de lostal hont se tenon las escolas............................ X moutons.

F° 177. A M. Peyre Cambon, bachelier maestre regent de las escolas, contat loguier de l'ostal.. XXII moutons.

1434. F° 132 v°. A Me Johan Alom maistre majer de la scola VIII moutons, le mouton valant XVIII dobles.

1436. Pierre Peyre, clavaire.

F° 128. A Mestre Johan Roselyn maystre mage de las escolas por le reste de ses gages................. X liv.

1437. Johan Brunel, clavaire

F° 153. A Pierre de Byelabessa maystre mage de las escolas en deductio de la pensio que ly dona la byela................................ II liv. V s.

1438. Jean Balag, clavaire.

Gages du maître mage des écoles fixé à 22 liv. 5 s. par an.

1439. Jean Got, clavaire.

F° 114 v°. A Me Martin Hermiel maistre de las hescollas, pour toute la pension.................... XII liv. X s.

1440. Simeon de la Riba, clavaire.

F° 122 v°. Ey pagat a dona Quera per comandament dels senors comsols que la vila y hera hoblygada per la escola a XXI d'april........................ XXI liv. VI s. III d.

A la susdita a XIII noembre................. III liv.

A la susdita dona Quera a X dezembre per so que ly es degut per lasditas escolas.............. VI liv. VIII s.

A la susdita a XXII de febrya l'an MCCCCXLI que ey fayta canselar la carta en que la vyla ly era hoblygada e fec quytansa............................. II liv. VIII s.

F° 132. Ey pagat a Me Marty Ermely mestre mage de las escolas en deducsiho de sos gaiges.......... .... X liv.

1441. Berthomieu Mathieu, clavaire.

F° 154 v°. A Me Marty Ermely mestre maje de las escolas a causa de sos gatges que ly dona la vila que son XXXV liv. de tornes per an.................... XVII liv. X s.

1442. Loyer pour deux ans de la maison de J. Saurel, de Sigean, où étaient les écoles.

1444. Pierre Combas, clavaire.

F° 120 v°. Pus ey pagat a Peyre de la Sera clerc maystre del enfant den Johan Portier per anar a Tolosa serquar maystre mager per las escolas................. IV liv.

F° 121. Pus ey pagat per la compra de hun ostal per las escolas que foue de R. Martin laourador e es capelanien de mos. Peyre Magnen e fa d'usage XXV s. costec com apar per carta preza per Me Johan Rodil a XVI noembre........................... XV liv. VIII s. IV d.

F° 122. Als maystres de la escola maystre P. Rueyra bachelier et P. Bedel............ XII liv. XVI s. VIII d.

F° 123. A Me Pierre Hinbert per la reparasion que a fayta a l'hostal de la escola de sieutat l'an M CCCC XL IV. V liv. XI s.

1446. Ramon Sartre, clavaire.

F° 172. Ey pagua a XVIII de july l'an XLVII a ss. Johan Belhoms e aysso per VIII fullas de fustas que foron per adobar la escola de Bors l'an XLVI soma.... XIII s. IV d.

F° 165 v°. A Me Martin Ermelly magister de las escollas mage.. X liv.

Ay pagat a Mr Jean Guillaume notary per loguier de l'ostal de la escola mage........... VII liv. XVI s. VI d.

1447. Denis Vincent, clavaire.

F° 156 v°. A Me Martin Hermely maistre de las escollas per la pension que li dona la vila cascun an XX liv. a la Magdalen et a Nadal cascuna paga............... X liv.

1448. Johan Berra, clavaire.

F° 158 v°. A Me Marty Ermely maistre de las escolhas per so que li ero degut de sos guages per las escolhas. X liv.

1450. Bertrand Terrac, clavaire.

F° 130. Item dilus a XVII de jener paguey a Me Peyrounet de Chayne sabatier dos scutz d'aur en deductio de maior soma que se dis a el fore deguda a cauza del loguier de l'ostal dels Treys Reys que era stat logat per la viala a tener l'escola.

F° 131. Despensa per la scola.

Los srs consols an logat I hostal de la nobla dona Jona molier de P. Vidal de Castras assetat en lo borc a la ylha P. Vidal de Castras per dos ans per tenir la scola a X francz per an e dintrada del mandament dels srs consols li ey pagat en deminutio del dit loguier per fa reparar lodit hostal... V liv. t.

F° 131. Despensa per la pensio que la viala fa al domne de la scola.

Ey pagat a Me Marty Hermely domne de la scola per la pensio que la viala li fa a cauza de las scolas en tres pagas...................................... XXV liv.

F° 133 v°. Despensa per far adobar la cadeyra de la scola ont lo domne legis.

Dimars a III novembre ey despendut per IV fuelhas I polpri x clavels......... x clavels......... xxv barrados que foron de s^r Anthoni Seguier dos canas I cabirou que foron de Berthomieu Voyer a I s. VIII d. la cana et I jornal que y mes Johan Rossel fustier v s. monta tot.................................. I liv. II s. VI d.

1451. Jacques Minet, clavaire.

F° 121 v°. Item ey pagat al noble P. Vidal de Castras per la rendamen de son ostal en loqual stavan las scolas loqual avia rendat la vila per IV ans........ II liv. XVI s. IV d.

F° 128. Item ey pagat a Marty Ermel mestre de las scolas de gramatica de Narbona per los gaiges que la vila li dona cascun an........................ XIV liv.

1452. Johan Combas, clavaire.

F° 121 v°. Ey pagat a M° Martyn Ermeny domyne de las scolas per sos gages que la vila ly dona....... XXV liv.

Ey pagat al susdit per resta que ly era deguda de lan dernier.................................... XI liv.

1454. Pierre Chartain, clavaire.

F° 111 v°. A Maystre Martin Ermyn maystre de las escolas.. XXV liv.

1455. Jacques Minet, clavaire.

F° 91 v°. Item ay pagat a Bernat Fabre soviguier real de Narbona tan per resta del loguier de son hostal on se tenen las escolas coma per lo loguier de aquel deldit hostal de aquest an................................ XII lieuras.

F° 94. A M° Marty Ermelly maistre de las scolas de borc per sos gaiges.............................. XXV liv.

1456. François Belhomme, clavaire.

F° 86 v°. A M° Martin Ermelly mestre de las escollas... XVI liv.

1457. Bernard Prevost, clavaire.

F° 88 v°. A M° Guillaume Guordo maistre de las escollas en deductio de sos gaiges...................... X liv.

1458. Berthomieu Bosc, clavaire.

Les comptes de cette année ne mentionnent pas les écoles.

1459. Jean Saulsoye, alias de Paris, clavaire.

Fo 104 vo. A Me Martin Hermely maistre mage pour la pension o gaiges que lui donne la ville....... XXV liv.

1461. Bertrand Pradal, clavaire.

Fo 112 vo. A Me Pe Prevost mestre de las scolas.. X liv.

A Me Martin Armelin mestre de las scolas..... X liv.

A Me Johan Deluc mestre de las scolas XVII liv. XV s.

(Ce paiement est fait en deux fois)

1462. Gaspard Homs, clavaire.

Fo 126. Ey pagat al me de las scolas loqual a nom Me Pe Prevost.................................. XX liv.

1465. Jean Viguier, clavaire.

Fo 79. A Me Martin Ermily domyne de las escollas................................ XIX liv. X s.

1466. Barthélemy de la Croix, clavaire.

Fo 85. A Me Johan de Capdevilla mestre d'escolla quant era vengut veser si los sers luy baillaren las escollas.. I liv.

A Peyre Pradal per sebelir lo domne de l'escolla. II liv.

Fo 85 vo. Al domne de l'escolla Me Bazer Torquat per sos gaiges.................................. X liv.

A Mos. Johan Cruchent per l'ostal de l'escolla.. IV liv.

1468. Guillaume de la Ryba, clavaire.

Fo 114 vo. A honorable Me Marty Ermery domyne mage de las escollas per la pension que li fa la vila cascun an.................................. XXVI liv.

1471. Pierre Lafaye, clavaire.

Fo 103 vo. Plus ay pagat a Mestre Martin Hermelin mestre mage descollas a cauza de ses gaiges vint et sieis francz.

1473. Les gages de Léonard Vidal, « domine de las scolas de Narbona », sont fixés à 26 livres.

1474. Anthoine de la Rue, clavaire.

Fo 107 vo. Item a pagat led. clavary lo x jorn de mars a

mestre Johan Marti fustier per la reparacio que fa a sos despens de peyre et de mortie a las scolas de la Ciutat.... .... XXX s.

F° 122. Item a paguat led. clavary a maistre Esteve Johan bachelier en arts per sos gaiges de regir las escolas l'espace de sieys meses........................ X liv. t.

Item a paguat led. clavary a maistre Peyre de Porta maistre en hars local regit las escolas tres meses ou entorn la somma de................................ VII liv. t.

1475. Pierre Fabre, clavaire.

F° 137 v°. Al magister de las escolas appelat Esteve Johan.................................... XII liv.

1476. Guilhem Seguier, clavaire.

F° 144. Ay pagat a la honorable dona Anthonia Delpug la soma de IV liv. eyso per lo loguier de mija annada de hun hostal asytuit a la ylla dels hereters de Peire Serta, loqual tenem logat per tenyr las escolas laqual annada es estada comensada en lo mes de may derier pasat (1).

1478. Marc Vidal, clavaire.

F° 119 v°. Et plus ay pagat a Mestre Mauryssy Garin mestre en artz domyne de las escollas per los gages que a regyt et governat lasd. escollas de VIII messes.......... XV liv.

1479. Guillaume Deapchier, clavaire.

F° 118. Et plus ey paguat a fraire Berthomieu Martin, gardian de fraires menos de la ciutat de Narbona, per ajudar de reparar las scolas del couvent delsd. fraires.. X liv.

1481. Guillaume Alcoynes, clavaire.

F° 109 v°. Ay pagat a Maistre Bertrand Bordille, maistre d'escolas de Narbona, los gaiges que la villa de Narbona li dona a causa de son gage per son offici....... XVIII liv.

---

(1) Dans un compoix de 1453, conservé à la Bibliothèque, nous trouvons, au f° 184, 3e terson de Bourg, l'ile de Jean Serta. L'ile de Pierre Serta se trouve dans le terson de Lamourguier désigné sous le nom de Sartan.

F° 121 v°. Item ay pagat a sen Anthoni de la Rua per lo loguier de ung hostal que messrs consols an logat de luy per ung an continuat per tenir las escollas (1).... X liv.

1486. Honorat Pellissier, clavaire.

F° 105. Ey pagat a frayre Domerge de Porta religiox maistre en ars presentat en theologia me des escolas XVII liv. X s. per sept meses que a regit las escolas.

Item a maistre Johan Dehom bachelier en ars regent las escollas per lespasi de dos meses ou entorn....... V liv.

1487. Johan Berra, clavaire.

F° 99 v°. A frayre Dominge de Laporta domine de las escollas per sos gages que la vila li dona...... XXX liv.

1489. Jean Vingnes, clavaire.

F° 85. A Me Fortanyer Doliva bachelier loqual a regit las escollas a Narbone lespase de IV meses........... X liv.

A Gilles Berre per lo loguier de l'ostal des Baings on a tengut las escollas lodit magister................ X liv.

1490. Jean Trégoin, clavaire.

F° 74. Item plus ey pagat a Fortanyer Dolive bachelier loqual a regit et gouverné les escollas de Narbona laspace de IV meses................................ X liv. torn.

Item a Maistre Pierre Molinier bachelier pour avoir regit et gouverné lesd. escollas par VIII meses... X liv. t.

Item a Gilloy Berre per lo loguier de l'ostal des Baings pour tenir les escollas.......................... X liv.

1491. Jean Saussaye, clavaire.

F° 121 v°. Ay pagat a frayre Johan Moyset ministre de la Trenitat et maistre de las escolas............. XV liv.

Ay pagat a Me Pe Molinier magister de las escolas d'esta vila................................ III liv. XV s.

---

(1) Antoine de La Rue ou La Rue, qui fut clavaire en 1474, possédait plusieurs maisons et boutiques en Bourg et Cité. (V. Compoix de 1490, terson d'Aude, f° XII, Biblioth. publ. de Narbonne). Mais la maison qu'il louait pour l'école était en Bourg.

1492. Arnaud Seguier, clavaire.

F° 91. Ay pagat a Me Pe de Combetis alias de Lampis pour le temps passat domne de las escolas per resta de ses gaiges de l'année précédente.................... XV liv.

F° 92 v°. A Me Jacques Frayssa domne de las escolas pour partie de ses gaiges........................ VI liv.

A Me Nicholau Azard pour lo temps passat bachelier de las escolas..................................... II liv.

F° 94 v°. A sen Anthoni la Rua pour lo loguier de l'ostal on sont les escolas pour un an................... X liv.

F° 97 v°. A Me Jacques Fraysses domine dals escolas pour resta de ses gaiges........................ XV liv. XV s.

1494. Antoine Vidal de Herminis, clavaire.

F° 137. A Mos. Peyre Verdeguier mestre de las escollas.................................... XI liv. V s.

F° 138 v°. Item a Me Peyre Olivier fustier de Narbona per certanas reparacions que lodit Olivier a faitas a l'escola de Ciutat................................... XII liv.

1495. Galiau Lafage, clavaire.

F° 191 v°. Plus a xx de augost cy pagat al domine de las scollas de Narbona Mossen Peyre Verdeguier... XV liv.

1497. Johan Girodis, clavaire.

F° 111. A Sr Arnault Seguier per lo loguier de la maison la on se tenen las escollas en bourg.... .... V liv. XVI s. VIII d.

1498. Berthomieu Saint-Jean, clavaire.

F° 97 v°. Item au magr des escolles.......... XV liv.

A Me Nicolas Deporte magr de las escolles.. II liv. X s.

1499. Guillaume Faissier, clavaire.

F° 119. A done Jehanne, relicte de Anthoine de la Rue, pour le loguier de une maison on se tenoient les escolles, ay baillé............................ X liv.

A Jehan Balistran, de Boutenac, pour chaulx qu'il a apportée pour l'escolle............... III liv. V s. IV d.

F° 120. A Peyre Ollivier de Nerbonne pour la repparacion qu'il a faicte à l'escolle de Cité tant pour journalx qu'il y a faiz lui et ses maneuvres et pour autre despense.......................... XXXI liv. XIII s. VI d.

F° 121. Ay payé pour le magister de l'escolle Johannes Eustassy pour troys moys qu'il a servy de mon année................................... VII liv. X s.

1500. Guillaume Dulac, clavaire.

F° 82. A Mestre Johan Staci mestre de las scollas per nou meses............................ XXII liv. X s.

A mestre Aldabert Baratin mestre de lasd. scollas per tres meses................................ VII liv. X s.

(Cet article est rayé et le clavaire indique qu'il n'a pas payé la somme mentionnée parce que le maître d'école n'a pas présenté sa quittance).

1501. Johan Roquet, clavaire.

F° 80 v°. A Me Aldebert Baratin maistre de l'escolla....................................... XIX liv.

1505. Pierre André, clavaire.

F° 107 v°. A Me Thomas de Trilhia maistre d'escola per la resta de l'annada que a servyt............... XV liv.

1506. Aymeric Loyseleur, clavaire.

F° 107 v°. A Me Thomas de Trilhia maistre de las escollas per partyda dels gages a el degustz.......... V liv.

1507. Guillaume Taffary, clavaire.

F° 93 v°. A Me Thomas de Trilha mestre de las scolas.. X liv.

1508. Pierre Riquet, clavaire.

F° 3 des dépenses. A Me Thomas de la Trelha mestre de las escolas a el degutz e per el gasanhatz..... XXX liv.

1509. Simon, clavaire.

F° 99. A Maistre Anthoni de Serres maistre en artz et rector de las escolas de la ville................ XX liv.

F° 103. A Maistre Thomas de la Trilha maistre en artz lo temps passat rector de las escollas e per partida de la soma a el deguda per los gaiges a el constituits et ordonnatz.................................... XXX liv.

F° 104 v°. A Maistre Thomas de la Trilha maistre en artz et rector de las escollas de la dite ville et pour reste de tout lo temps que avet poigut aver servit a ladite ville per ladite cauza et pour toute reste de toutz sos gaiges.................................... XL liv.

F° 109 v°. A Anthoni Pegas et Gregori Bonet per aver faitz les bancs a l'escolle................. I liv. VIII s. IV d.

1510. Claude Seau, clavaire.

F° 96 v°. A Me Anthoni de Serras mestre de las scolas per reste de ung an per los gaiges a el constituitz a cauza de son offici.................................... X liv.

A Me Thomas de la Trilha mestre de lasd. escolas per partide dels gaiges a el constituitz a causa deld. offici et per nou meses que a servit.............. XXII liv. X s.

F° 98. A Me Pierres Montargis per xv jours que a vacquat al regiment de las scolas................. I liv. V s.

1511. Guillaume Hugot, clavaire.

F° 3 des dépenses. A Me Thomas de la Trilha mestre de las scolas de lad. ville per partide et en deduction dels gaiges a el constituits a causa de son office.. XI liv. XVIII s. IV d.

A Me Pierre Raissicaut maistre de las escolas per partide dels gaiges a el constituits a causa deld. office et per sieis meses sieis jours.................. XV liv. X s.

F° 5. A mestre Thomas de la Trilha mestre de las scolas de lad. ville que foron faictes plusiors plainctes per los habitans de lad. ville contre lod. de la Trilha e fouc conclus en conseil general de privar lod. de la Trilha de lasd. scolas et per so que bonament no lo podian expellir a causa que avia son don de las scolas de lad. ville lo pagueron per affin de fugir a proces per tout lo temps que lasd. scolas lui eron estadas donadas................. IX liv. X s.

1512. Johan Barbier, clavaire.

F° 103. A Me Pierre Rassicaud mestre de las escolas de lad. ville pour reste de ses gages......... XIV liv. X s.

1515. Johan Vinhes, clavaire.

F° 107 v°. A Me Ramon Nicholau maistre de las escollas per tot lo temps que a servydas las escolas..... XII liv.

1516. Jean Cavalier, clavaire.

F° 94 v°. A Dominjon Fabre maistre de las escollas de la present ville per lo temps que a servit a regir et gouvernar las escollas.............................. XII liv.

A Me Pierre Becceron maistre de las escollas de la ville per aver regit et gouvernat partida de las escolas duran l'annada.............................. VII liv. X s.

1517. Antoine Arnaud, clavaire (1).

F° 97. A Me Peire Busseron m^e^ de las escolas per resta de regyr las escolas.............................. X liv.

1518. Durand Seguier, clavaire.

F° 99. A Me Guillaume Raynal maistre de las escollas per tot lo temps que a servidas et regidas las escollas.................................... XXX liv.

1519. Pierre d'Antesons est payé 50 liv.

1521. Jacques Rousselin, clavaire.

F° 108 v°. A Me Dors maistre des escolles pour partie de ses gaiges.................................. XI liv.

1522. Guillaume Bordeaulx ou Bourdeau, clavaire.

F° 110. A Mestre Johan Monfranc mestre de las scolas.. IV liv.

F° 113. A Mestre Johan Monfranc mestre des escoles.................................. XII liv. X s.

1523. Pierre Gallard, clavaire.

F° 105 v°. A Me Philippe Carrier maistre des escolles en deduction de ses gaiges qu'il a regi lesd. escoles. X liv.

F° 108 v°. A maistre Johan Montfranche maistre des escoles pour reste de tout ce que luy pourroit estre deu.................................. IV liv.

---

(1) Sur ce registre on trouve mentionnés l'*île Mathieu Peyronne* et *le portail Mathieu Peyronne*.

1524. Alexandre St Just, clavaire.

F° 105. A Me Phelip Carreau recteur des escolles en deduction de ses gaiges........................ X liv.

F° 112. A Me Phelip Carreau maistre et recteur des escolles pour tout le reste qui luy pourroient estre dus pour avoir regy et governé les escolles durant une année... XL liv.

1526. Nicolas de la Court, clavaire.

On ne trouve dans les registres de cette année aucun article concernant les écoles.

1527. Bernard Rabbier, clavaire.

F° 122. Plus a mestre Johan Berthomieu Cathani mestre de la scolas et por gaiges........................ L liv.

1528. Étienne Alguier, clavaire.

F° 130. A Me Barthelemy Cathalani maistre des escolles pour ses gaiges pour toute l'année............... L liv.

1529. Étienne Dellum, clavaire.

F° 131 v°. A Me Berthomieu Cathani maistre des escolles pour ses gaiges ordinaires....................... L liv.

1530. Pierre Cabrit, clavaire.

F° 136. A Me Johan Barthelemy me des escoles per sous gaiges.. L liv.

III

Le registre du clavaire de 1530 contient, au fol. 120 v°, la mention suivante : *Recepta des biens de l'escolla que son estaz de Matiu Peirona.* Cette mention est précieuse à plus d'un titre. Elle indique que Mathieu Peyronne fut le fondateur d'un collège, qu'il consacra ses biens à cette fondation; enfin, la date sous laquelle elle est portée nous fait connaître vers quelle époque ce collège dut être établi.

Mathieu Peyronne était un riche bourgeois qui avait été

plusieurs fois consul et qui appartenait à une famille de marchands, souvent citée dans les archives communales de Narbonne. Nous lisons notamment qu'au mois de juin 1386 un navire de commerce, appelé le *Saint-Esprit*, frêté par Arnaud Peyronne et Pierre Montirat, marchands de Narbonne, fut enlevé, dans le golfe de Crète, par Guillaume-Raymond de Montcade et d'autres sujets du roi d'Aragon. Ce navire était chargé de 30,000 florins d'or, en argent ou en marchandises. Par mesure de représailles, Jean, comte de Poitiers, duc de Berry et d'Auvergne, lieutenant du roi dans le Languedoc, ordonna aux sénéchaux de Toulouse, de Carcassonne et de Beaucaire, de mettre sous la main du roi, par voie de saisie, les sujets du roi d'Aragon, habitant les trois sénéchaussées et de saisir aussi leurs marchandises (1).

La générosité dont Mathieu Peyronne fit preuve à l'égard de sa cité semble appartenir à la classe des bourgeois et des marchands narbonnais, et ce nom évoque à l'esprit celui de ce riche Jean Bistan qui, au XIIe siècle, fit reconstruire à ses frais les remparts de Narbonne et se signala par sa bienfaisance et ses libéralités (2).

Le collège de Mathieu Peyronne fut établi près de la porte Saint-Cosme et de l'église paroissiale SS. Cosme et Damien (3). Quelle fut son organisation ? A cet égard, les renseignements manquent et nous avons à regretter l'absence d'un document annoncé par un des registres contenant des actes de l'administration consulaire de Narbonne. Un des feuillets porte, en effet, le titre suivant : « Liber colegii Narbone fundati et constructi per condam honorabilem virum Matheum Peyronne, burgensem,

(1) Archives communales de Narbonne, AA. 111, f° 84.
(2) É. Cauvet, *Étude historique sur Fontfroide*, p. 261.
(3) L'église SS. Cosme et Damien, qui devint la chapelle du collège des Doctrinaires, a été transformée en salle de spectacle.

inceptum anno Domini millesimo quingentesimo tricesimo tertio (1). » Les actes qui suivent cette mention ne concernent pas le collège. Qu'était ce *liber colegii* dont il est parlé ? Nous ne le connaissons pas, mais nous pouvons penser que, livre de règlements, ou même simple livre de comptes, il nous eût fourni sur l'établissement fondé par Mathieu Peyronne de précieuses indications.

Les contrats du chapitre Saint-Just nous font toutefois connaître le règlement du collège.

« Premièrement, faut commencer toutes nous euvres et actions par prières crestiennes et catholiques, qui se fairont tous les matins en la salle dudit colliège, peu avant sept heures en temps d'esté, et peu avant huict en yver, et se commenceront par un *Salve Regina* ou autre cantique, l'honneur et révérence dévotement observée que l'on a acoutumé au service divin. Et après incontinent et sans demeure, les régens qui seront troys en nombre, souffisans et capables, entreront en classe pour enseigner despuys sept jusques à neuf ou despuys huict jusqu'à dix, selon le temps que dessus. Et pour cest effect seront troys classes distinctes et séparément ordonnées, lesquelles on lira comme s'ensuyt : Premièrement pour les commencemens et suyvant l'ordre d'ung bon architecteur en la classe des rudimentaires que se nommera la troysième, on interprètera les rudimentz et préceptz de grammaire, avec quelque petit traicté moral ou dialogue propre pour l'information de bonne mœurs et introduction de la langue latine ; sur quoy on fera exactement décliner et conjuguer avec examen des particules et congruités grammaticales. Item, en la seconde où ilz seront jà initiés et promeuz, on lira Térance ; quelques épistres famillières au poète, avec la sintaxe, quantités ou figures ; pareillement quelque alphabet ou grammaire grecque. Item, en la première

(1) Arch. comm. de Narbonne, BB. 57.

ordonnée en ladite salle, on lira quelques oraisons de Cicéron, avec quelque bon poëte et traicté de réthoricque, pour conjoindre l'art et théorique d'orateur avec la praticque; ou autrement seront leuz et interprêtés alternativement quelques traictés compendieux et de dialectique, accompaignés d'un dialogue de Platon ou autre ; poursuyvant néantmoings l'institution grecque qu'aura prins son premier traict et fondement en ladite seconde. Item, après digner, ayans prié Dieu au commancement et rendues actions de grâces à l'issue de table, chascun régent rentrera en classe despuys mydi jusque à une heure pour faire telles répétitions qu'il sera advisé pour le mieulx et plus utille; et nommément en ladite troysième comme infime et dernière, on monstrera à escryre pour soy préparer à bien et fidellement rédiger par escript les leçons de ladite seconde en l'an suyvant. Item, despuys troys heures subsécutivement jusques à cinq, chascung entrera de rechef en classe pour fere lecture et interprétation du texte qu'on devra répéter et rendre par cueur le lendemain matin à la leçon susdite ; et telle répétition sera seullement observée esdites seconde et troysième classes. Car en salle on fera instamment poursuite des lectures instituées sellon l'ordre acoustumé ez bonnes universités et colliéges bien reiglés. Item l'on donnera thèmes à composer deux foys la sepmaine pour exercice d'esprit, et des leçons ouyes soubz lesdits régens. Item, les sabmedys après disné y aura disputes. Item, les festes, l'on lira despuys troys jusqu'à quatre heures après mydi et les jeudis n'y aura que une heure de leçon après mydi. Item, toutz les moys on fera déclamer réciproquement. Item, le soir après souppé on fera une heure de leçon à ceulx qui seront en pention et résidant audit colliège, lesquelz on fera mectre au lit à neuf heures et lever à cinq heures, toutes foys esgard et considération à l'eage et complexion d'iceulx. Et pour ce qu'il n'y a chose qui rende ung colliege et auditoire plus célèbre que la multitude et fréquence d'auditeurs, faudroit que inhibition et deffence fut faicte très expressément et avec injonction de peine à toutz et chescun de quelque estat et condition qu'il soit, à ce qu'il ne soit permys ni loisible tenir escolle privée, ny faire estat et exercice d'enseigner particulièrement, soit à chiffrer, lire, escripre ou autrement, sans envoyer les enfants audit colliege, ou tout ce que dessus sera enseigné si mestier est. Et affin que les auditeurs soyent establys, promeus et érigés esdites classes, sellon leur capacité, sera faict examen par le principal dudit colliege, des diligence, estude et suffisance d'iceulx tant verbalement que par escript et composition, et ce ez temps et termes sur ce ordonnez et préfix..... (1) ».

Mathieu Peyronne mourut pendant le mois de janvier 1519. Il avait mérité le surnom de bienfaiteur de la jeunesse et en reconnaissance de ses bienfaits les habitants de Narbonne avaient donné son nom à un des quartiers et à une des portes de la ville. Son testament, qui avait été reçu par maître Pierre Cadiran, notaire, probablement dans les premiers jours de l'année 1518, et qui contenait des dispositions relatives au collège, est indiqué, mais seulement indiqué, par un registre conservé aux archives communales de Narbonne. On lit, en effet, sur une feuille : « Testamentum honorabilis viri Mathei Peyronne, burgensis condam Narbone (2). » La feuille est restée blanche, et le testament n'a pas été transcrit. Dans son inventaire de 1678, Carouge disait qu'il n'avait pas été retrouvé (3).

---

(1) *Inventaire des Arch. dép. de l'Aude*, G. 33, Registres des contrats du chapitre Saint-Just, 1556 - 1569, p. 46, col. 2.

(2) Arch. comm. de Narbonne, BB. 57, f° 4.

(3) En 1653 les consuls aliénèrent en faveur de Barthélemy et François Rigaud, conduchers au chapitre St-Paul et bénéficiers au chapitre St-Just, et d'Aymeric Rigaud, leur frère, les biens que Mathieu Peyronne avait laissés pour l'entretien du collège. Ils durent alors remettre aux acquéreurs, pour les envoyer en possession, le testament sans prendre la précaution d'en garder une copie.

Bien que nous ayons à regretter la disparition de cette pièce importante, nous pouvons cependant penser ce qu'elle pouvait être. Il n'y a d'ailleurs qu'à voir ce que firent les exécuteurs testamentaires de Mathieu Peyronne pour comprendre que sa dernière pensée fut tout entière pour le collège qu'il avait fondé.

Les exécuteurs testamentaires de Mathieu Peyronne furent Arnaud Séguier et Cibus Cellier, auxquels étaient adjoints François Peyronne, frère de Mathieu, et Julien Mercier, bourgeois. Toutefois ces deux derniers ne prirent pas part à l'administration des biens du défunt.

Pour que son œuvre lui survécût en toute prospérité, Mathieu Peyronne avait prescrit la vente ou l'achat d'un certain nombre de maisons ; ces opérations devaient assurer à la fois le bon fonctionnement du collège et l'exécution de ses dispositions. Voici les renseignements que nous fournissent relativement à ces dispositions les archives communales de Narbonne.

Du 5 novembre 1520, acquisition faite de Marguerite Parazols, femme de Pierre Laurent, hôte de l'Écu de France, par Julien Mercier, Arnaud Séguier et Cibus Cellier, d'une maison située à l'île Saint-Nazaire, et confrontée à l'ouest par le consistoire de l'Office des pareurs et par Vitalis Gros, aludier, à l'est par Jean Milhas, tondeur de draps, au midi par Jean de Lacroix, et au nord par la rue de la Parerie. Les exécuteurs testamentaires de Mathieu Peyronne acquièrent cette maison, conformément à ses dernières volontés, « ad utilitatem scolarum de novo in presenti civitate..... et tenorem sui predicti testamenti insequendo constructarum et edifficatarum. » Prix de l'acquisition, 150 livres tourn. (1).

Du même jour, bail à nouvel acapit fait par les exécuteurs testamentaires de Mathieu Peyronne « fondatoris

(1) Arch. comm. de Narbonne, AA. 112, f° 63.

principalis scolarum noviter edificatarum in civitate Narbone et prope portale sancti Cosme et illi contiguarum, » à Pierre Laurent, hôte du logis de l'Écu de France, et à Marguerite Parazols, sa femme, de la maison que ceux-ci avaient vendue, le 5 novembre 1520, aux dits exécuteurs testamentaires, « tamquam administratoribus et gubernatoribus dictarum scolarum. » Le bail de cette maison est fait moyennant la censive annuelle de 7 liv. 10 sous tourn., payable à la fête de Noël, et sous la réserve, en faveur desdites écoles, des droits de lods, foriscape, prélation, commise, incursion et autres en dépendant comme franc alleu (1).

Du 3 septembre 1521, acquisition, faite par les exécuteurs testamentaires de Mathieu Peyronne, d'une maison située île du Consulat, confrontée au midi et au nord par la rue publique, au cers par Pierre Rodil, et au marin par la maison dite de dona Antonia Delpech. Prix de la vente, 300 liv. tourn. (2).

Du même jour, bail à nouvel acapit fait à René de la Rue, marchand, par les exécuteurs testamentaires de Mathieu Peyronne, de la maison qu'ils venaient de lui acheter, dans l'île du Consulat, pour en convertir les revenus à l'utilité des écoles fondées dans la Cité par ledit Mathieu Peyronne près du portail St-Cosme. Conditions du bail : une censive annuelle de 15 liv. tourn., payable à la fête de Noël, avec réserve de tous droits de lods, foriscapes, prélation, etc., au profit des écoles (3).

Du 8 mai 1553, vente faite à MM. Barthélemy Rigaud et François Rigaud, conduchers en l'église collégiale St-Paul et bénéficiers en l'église St-Just, et Méry Rigaud, leur frère, moyennant le prix de 405 liv. tourn., d'une maison

---

(1) Arch. comm. de Narbonne, AA. 112, f° 64 v°.
(2) Ibid., f° 66.
(3) Ibid., f° 67.

située île Mathieu Peyronne, aujourd'hui île Ste-Geneviève, « confrontant..... de midy avec la rivière d'Aude, d'acquillon avec la rue publique ; » ladite maison provenant du legs fait par Mathieu Peyronne « pour fournir aux nourriture, entretènement et doctrine du nombre des enfans par luy ordonnez estre nouriz, entretenuz et enseignez au collège, » par son dernier testament (1).

Du même jour, vente faite à M. Julien Odoard, baile de Salles, moyennant le prix de 400 liv. tourn., d'une maison située île la Cour-du-Roi, provenant du legs fait au collège par Mathieu Peyronne (2). Le prix de cette vente fut converti en une rente annuelle de 27 setiers 1/3 de blé froment exigible le 1er septembre de chaque année et payable en nature ou en argent au choix du débiteur.

Les dispositions de Mathieu Peyronne voulaient que « douze enfants clercs pauvres » fussent entretenus dans le collège. Une délibération du conseil général de la ville créa en leur lieu et place, attendu l'insuffisance des revenus, quatre places de *collégiat,* qui devaient être entretenues au moyen du revenu annuel de 112 livres tourn. provenant des biens légués à la ville par le testateur. Un acte fut passé le 10 janvier 1534 par les consuls en vertu de cette délibération (3).

Arnaud Séguier fut le dernier survivant des exécuteurs testamentaires de Mathieu Peyronne. Une procédure avait commencé en 1527 entre les consuls et les exécuteurs testamentaires pour la reddition des comptes de l'administration des biens du testateur, et l'affaire avait été portée devant l'officialité de Narbonne. Un arrêté de clôture des comptes fut fait conformément à une ordonnance du Parlement de Toulouse tenant les grands jours à Béziers,

---

(1) Arch. comm. de Narbonne, BB. 56, f° 215.
(2) Ibid., f° 216.
(3) Ibid., BB. 57, f° 13.

en 1558. Une transaction intervint le 5 septembre 1553 entre les consuls et MM. Barthélemy Fabre-Séguier et François Fabre-Séguier, héritiers et frères d'Arnaud Séguier, et M. Jacques de Cogomblis, agissant pour les héritiers de Cibus Cellier. Les héritiers d'Arnaud Séguier et Cibus Cellier furent reconnus séparément débiteurs envers le collège d'une somme de 1,195 liv. 6 s. 2 d. tourn. Pour le paiement de cette somme ils constituèrent, au profit dudit collège, une rente annuelle et perpétuelle de 20 quartons de blé froment, payable par moitié le 1er mars et le 31 août de chaque année, avec faculté de rachat, en tout ou en partie, sur le pied de 60 liv. tourn. par quarton. En cas de conversion en argent de la rente en nature, la valeur du blé était fixée à 25 s. le setier.

Établi vers 1530, le collège de Mathieu Peyronne ne dut pas fonctionner immédiatement. Les comptes de 1531 (Gaspard Puechmija, clavaire) mentionnent une *recette d'école*. Nous lisons dans le compte de l'année suivante :

1532. Pierre Fanjeaux, clavaire.

F° 159. Pagat à Me Pierre Davezac, maistre d'escolles per service que a fet a legir et enseigner los enfans et clercz a l'escolle pendant lo mes de jung jullet et avost apres la mort del lo bart domyne...................... V liv.

F° 162. A Me Elias Lelong maistre des escolles pour partie de ses gaiges et pour le rembourcer de certaine despence par luy faicte........................ XVI liv.

F° 164 v°. Au même en déduction de ses gaiges XII liv. X s.

En 1533, les comptes vont nous donner le nom du premier régent du collège, Bernard Mazenc, désigné dans les délibérations municipales.

(1) Arch. comm. de Narbonne, BB. 57, f° 16.

1533. Michel Servière, clavaire.

F° 127. A Me Elias Le Long, régent et maistre des escoles, pour ses gaiges de troys moys......... XII liv. X s.

F° 142. A Me Bernard Mazenx me des escolles en déduction de cent livres a luy promises pour la despence des quatre enfants............................ LXXV liv.

Au même pour ses gaiges.................. XX liv.

F° 144. Fournitures et dépenses du collège............ .... XXII liv. XVI s. VIII d.

F° 145 v°. A Me Bernard Mazenx pour ses gaiges de troys moys............................ XII liv. X s.

F° 151. A Me Bernard Mazenx pour ses despens de bouche tant de luy que de quatre enfants colegiez.. XXV liv.

A partir de cette époque on peut croire que le collège est en pleine activité.

Le 17 février 1565, des lettres patentes de Charles IX, qui se trouvait à Toulouse et qui avait avant de se rendre en cette ville fait séjour à Narbonne, s'occupent du collège. Elles affectent les revenus d'une prébende de l'église St-Just à l'entretien d'un ou de plusieurs régents, pour l'instruction « en bonnes meurs et lettres de la jeunesse, » suivant la demande des États généraux tenus à Orléans. Elles mandent en outre au sénéchal de Carcassonne, ou à son lieutenant en chacun de ses sièges, de contraindre le chapitre de Saint-Just à verser dans la caisse de la ville les fruits provenant de cette prébende, pour en être fait emploi par les consuls (1).

On ne saurait se faire une idée des lenteurs et des atermoiements que le chapitre Saint-Just apportait à l'exécution de la décision royale. Tantôt il promettait de déférer à ses prescriptions ; tantôt il demandait qu'on fixât les revenus de la prébende. Et l'affaire engagée contre le

(1) Arch. comm. de Narbonne, AA. 113, f° 22.

chapitre par les consuls à raison de la contribution à fournir pour le collège marchait toujours.

Et dits, et contredits, enquêtes, compulsoires,
Rapports d'experts, transports, trois interlocutoires

tout l'arsenal de la procédure y passa, et un arrêt du Parlement de Toulouse du 10 février 1586 condamna le chapitre. Cet arrêt ordonna « que avenant vaccation de l'une des prébendes en l'église métropolitaine saincte de Narbonne les fruictz d'icelle demeureront affectés et destinés pour l'entretènement d'ung précepteur suivant l'art. 6 de l'ordonnance d'Orléans, » et condamna le chapitre « à bailler le revenu équipolent aux entiers fruitz de l'une des dites prébendes » pour l'entretien du collège (1). En 1599, le chapitre cherche à tourner la difficulté. De concert avec l'archevêque, il imagine d'ériger un collège dans le cloître de Saint-Just; de la sorte, il sauvera les revenus de la prébende. Mais les consuls veillent pour « empêcher l'institution et establiment d'autre collège que de celluy de la ville; » et un accord intervient, accord à la vérité peu durable, puisque l'affaire de la prébende canonicale durera encore en 1627 (2). Songez maintenant que les lettres patentes de Charles IX sont de 1565, que la solution de l'affaire intervient en 1586, et qu'on n'en a pas fini en 1627; ces dates n'ont-elles pas leur éloquence (3)?

---

(1) Arch. de la Haute-Garonne, série GG., une pièce parchemin.

(2) Arch. comm. de Narbonne, BB. 2, f°s 12, 16 v°, 35 v°, etc., *passim*; BB. 61, f° 151 v°.

(3) Un procès identique, qui dura trente-cinq ans, eut lieu au sujet du collège d'Albi. Un arrêt du Parlement de Toulouse, du 2 octobre 1563, rendu en vertu de l'ordonnance des États d'Orléans, avait condamné le chapitre à payer aux consuls d'Albi les revenus d'une prébende. Cet arrêt fut exécuté, mais le lendemain le chapitre soulevait des difficultés, voulant payer les revenus de la prébende en nature et non en espèces. Arrêts du Parlement, lettres royales, de se succéder jusqu'en 1608, époque à laquelle le procès fut vidé, et où le chapitre commença à verser régulièrement la somme fixée par le Parlement. V. Jules Rolland, *Hist. litt. de la ville d'Albi*, p. 166.

La ville exerçait une surveillance active sur le collège au moyen d'une commission d'administration. Le 25 février 1590, trois membres du conseil de la ville sont chargés « de ce prendre garde du maistre du colliège, et estre surintendants sy la junesse est bien instruicte en icelluy, et sy led. maistre régend s'acquitte bien en sa charge (1). » Le 27 février 1594, MM. Claude Roubard et Jean Raynoard, lieutenant des gabelles, sont nommés surintendants du collège (2).

L'organisation classique du collège poussait les élèves vers les professions libérales ou autres. Mais à côté de cet enseignement, il y en avait un autre qui ressemble beaucoup à ce qu'on a appelé dans nos collèges ou lycées l'enseignement professionnel. Le 14 juin 1609, le conseil s'occupe de créer un second emploi de maître « écrivaint ayant bon caractere de lettre. » La délibération explique ainsi les motifs de cette création: « Les escoliers quy n'auroint le pouvoir ou le voulloir de se poulcer aux bonnes lettres jusques aux degrés pourroient estre aprins a bien escrire et rendus capables a gaigner leur vie aux finances, a la pratique, ou autre estat ou vaccation honnorable (3). »

Quand les enfants entretenus au collège aux frais de la ville, les collégiats, comme on les appelait, avaient terminé leurs études, la ville ne les abandonnait pas, et, poussant plus loin sa sollicitude conformément aux volontés de Mathieu Peyronne, elle leur donnait une profession. Consultant leurs aptitudes, elle les mettait en apprentissage au moyen d'une police en bonne et due forme passée entre les consuls et les patrons. L'un ira donc apprendre chez « sire » Guillaume Cautel, maître-apothicaire, la science

---

(1) Arch. comm., de Narb. BB. 5, f° 236 v°.
(2) Ibid., BB. 5, f° 576.
(3) Ibid.. BB. 8, f° 174 v°.

des « médecines; » l'autre ira chez un maître chaussetier. Celui-ci est-il « de rudde et grossier sperit, peu abte à apprendre aux lettres, » on le mettra « en honneste mestier à luy condescent. » Celui-là a-t-il l'esprit plus ouvert, il sera placé auprès de M. Bernard Bonny, greffier de la viguerie, « pour luy apprendre et monstrer l'état de praticque et escriptures. » Tel autre sera placé chez M. Laurent Balmes, ex-principal du collège, « qui a offert de se charger de sa nourriture et entretenement et instruction en l'estat et vacation de personnaige ecclésiastique tant qu'il luy sera possible, » et jusqu'à ce qu'il soit pourvu d'une charge ou qu'il puisse gagner sa vie « dans un autre honneste et décent estat (1). »

Voici les noms des régents du collège de la ville que les archives communales de Narbonne nous ont conservés.

Bernard Mazenc, déjà régent en 1533, confirmé pour trois ans dans sa charge, moyennant un honoraire de 50 liv. t. par an.

Charles de Utiola, en 1542.

Guillaume Daquin, en 1548.

Philibert Fabre et René Dusseau ou Duysseau, nommés pour un an en 1550 moyennant la somme de « six vingts livres t. pour la dépense tant d'eulx que des enfants collégiez et ung serviteur. »

René Dusseau, nommé pour un an en 1551, moyennant un gage de 90 liv. t.

Piencins Dubreuil, maître ès arts, moyennant la somme de « six vingts livres pour fournir à la despence tant de luy que des 4 enfans colégials, » et la somme de 90 liv. pour ses gages (1552).

(1) Arch. comm. de Narbonne, BB. 57, f°s 20, 25; BB. 58, f°s 121, 148, 150 v°, 152; BB. 59, f°s 135, 152 v°, 208 v°, 272 v°; BB. 60, f° 35 v°.

Sébastien Cauquilatus et Scipion Hugues, nommés pour un an, moyennant le prix de 120 liv. tourn. (1554).

Sébastien Cauquilatus, nommé pour un an, moyennant la somme de 100 liv. tourn. (1555).

Jean Poitevin, nommé régent des écoles et collège de Narbonne, moyennant les gages de 36 setiers de blé, six muids de vin et 57 livres d'argent (1556).

Arnaud Syllas, nommé jusqu'à la prochaine fête de St-Jean « sous la condition..... de recouvrer ung bachellier scavant et capable audict collège dans huict jours prochains » (24 janvier 1561).

Pierre Labaume, aux gages de 100 liv. tourn. par an (3 juillet 1561).

Bernard Donnat, prêtre, nommé le 25 septembre 1562 aux conditions suivantes. Il sera tenu « de bien et duement norrir et entretenir les quatre enfants collégiatz que lui seront baillés, et les instruire et apprehendre tant en science, lettres et bonnes meurs. » Le régent et le bachelier devront « tous les jours durant l'an fere lectures aux heures accostumées, scavoyr au matin et après disner, ensemble les répétitions, excepté les festes et dimanches, qu'ils seront tenus ammener les escoliers aux esglises pour ouyr la messe parrochielle, vespres et complies, et leur feront tenir au colliège bonne reigle et norme, les faisans parler latin. » Le régent recevra 36 setiers de blé, 6 muids de vin, 45 liv. tourn. pour « la pictance et huile que sera nécessaire, » 12 liv. tourn. pour le bois de chauffage, 100 liv. tourn. de gages payables par trimestre.

Pierre Cardelhac, bachelier ès droits, nommé pour un an à partir du 24 juin 1563.

Antoine Baldera, originaire de Soucalle en Lauraguais (26 février 1564). Le 6 février 1565, le même régent est confirmé dans sa charge pour une année.

George Bernard, natif de Roanne, nommé pour deux ans régent principal (9 février 1566).

Jean Parent, nommé pour deux ans régent principal (18 février 1568).

Richard Lespaulard, id. (8 mai 1570).

Henri Masuer, docteur, de l'ordre de Saint-Benoît, régent principal pour trois ans (3 mai 1571). Le régent aura sous sa direction trois maîtres qui seront agréés par les consuls, pour la régence des trois classes dont le collège est composé. Il est défendu à tous citoyens « avec injonction de peynes et multiplication d'icelles..... de tenir escolle privée ny faire estat et exercice d'enseigner particulièrement ez-maisons des habitants. » Il est alloué au régent une somme de 275 liv. tourn. payable par trimestre.

Jean Dejean, de Fenouillet, nommé pour une année régent principal (11 mars 1573).

Barthélemy Forgues, docteur ès droits, de Saint-Blancard, au diocèse d'Auch, régent principal (13 février 1576).

Laurent Loque, de Berses (Savoie), et Laurent Materon, de Forcalquier, diocèse de Sisteron, « l'ung pour l'autre et l'ung d'eulx seul pour le tout, » nommés pour deux ans régents principaux à partir de la prochaine fête de saint Jean-Baptiste, moyennant 450 liv. par an (20 juin 1577). Le premier est nommé régent principal pour dix-huit mois, le 26 février 1578.

Pierre de Saint-Sauveur, régent principal, et Henri Chollet, régent secondaire (14 juillet 1580).

Ardoin Paris, régent principal (26 février 1581).

Bernard Bernard, bachelier en droit canon, nommé régent principal pour trois années, moyennant 333 écus 1/3 d'or sol (19 février 1582).

Pierre Delaroche, nommé pour une année régent principal moyennant 233 écus 1/3 (28 février 1585).

Barthélemy Carpilhet, régent principal pour deux années, moyennant 200 écus sol par an (6 mars 1587).

Claude Chavernac, régent principal, moyennant 700 liv. tourn. de gages par an (23 octobre 1590).

Louis Chavernac, originaire de Minerve, nommé régent principal pour deux ans, aux gages de 700 liv. t. par an (21 juin 1591).

Mathurin Valterre, originaire de l'Angoumois, et François Gombaud, natif d'Autun, nommés pour trois ans en qualité de régents principaux, aux gages de 233 écus 1/3 par an (15 janvier 1593).

Luc Delaporte, docteur ès droits, régent principal pour trois ans, moyennant 33 écus 1/3 par an (20 mars 1596).

Claude Rathery, natif de Moulins, en remplacement du précédent décédé (17 décembre 1597).

Jean Nauvins, maître ès arts, régent principal, (5 novembre 1598).

Laurent Balmes, conducher de Saint-Just, nommé régent principal, conjointement avec Jean Nauvins (10 août 1599). Ce dernier étant décédé, Laurent Balmes est confirmé dans sa charge le 9 novembre 1599.

Bénigne Bourlier, originaire de Dijon, régent principal pour trois ans, aux gages de 700 liv. t. par an (1er septembre 1602).

Sylvain Babou et François Bernard, nommés à la régence principale et économie du collège pour trois ans, aux gages de 700 liv. t. par an (26 septembre 1605).

Sylvain Babou, originaire du Berry, nommé régent principal pour trois ans, moyennant 700 liv. t. par an (24 septembre 1608) (1). Le 13 septembre 1611, il est confirmé dans sa charge pour trois années de plus.

---

(1) Sylvain Babou s'entendait, parait-il, difficilement avec François Bernard. Aussi, le 7 septembre 1608, Mathurin Valterre, avocat de la ville, fait-il au conseil une proposition tendant à ce que, « pour prévenir le préjudice que pourroict porter la contestation, divorce et différant quy est d'entre MM. Bernard et Babou, principaulx, estant à présent en charge, » la régence du collège soit confiée à perpétuité aux « pères prebtres séculiers réformés ». Le conseil décide que, pour le moment, on ne changera rien à la situation du collège et que le bail de la régence sera passé « pour le trienne prochain »

Claude Brunel, prêtre, régent principal (20 juillet 1614).

Sylvain Babou, nommé en remplacement de Claude Brunel, mis en prévention (11 janvier 1616). Le 9 février 1617, Sylvain Babou est confirmé dans sa charge; les consuls se réservent la faculté de confier le collège, si l'occasion se présente, aux pères Jésuites, aux Doctrinaires ou à d'autres religieux (1). Le 3 janvier 1618, Sylvain

---

à François Bernard et Sylvain Babou, les régents actuels, aux clauses et conditions accoutumées, sous la réserve expresse que « ou le conseil trouveroit bon d'appeller et bailler ladite charge, à perpétuité, aux frères Doctrinaires, ou aux Bons-Hommes, lesdits Bernard et Babou seront tenus de quiter et ce despartir de ladite charge et leur faire plasse ». Les consuls devront toutefois s'enquérir « du fruict et comodité qu'on peust attandre desdits frères, la condition qu'ils demandent, et autres circonstances à ce nécessaires, » et soumettre au conseil, quand ils le croiront utile, le résultat de leur enquête. (Arch. comm. de Narbonne, BB. 8, f° 56 v° et suiv.)

(1) Le cardinal de Joyeuse avait essayé d'introduire les Jésuites à Narbonne et de leur confier la direction du collège. MM. les consuls exposent que Mgr le cardinal de Joyeuse « leur auroict faict entendre son antienne intention, qu'est de bonifier les biens de la ville, et mesme de augmenter le revenu du colliège affin que la jusnese de la ville et dioceze puissent mieulx estre instruictz, soict par Jésuites que seront perpétuelz, ou par régens annuelz. » Le conseil décide que Mgr le cardinal de Joyeuse « sera humblement remercyé du bien qu'il offre fere a la ville, et supplié effectuer la rente. Et pour l'élection des régens, soict de Jésuites ou aultres régentz annuelz, le remet à la volonté dudit sieur cardinal. » Le conseil ajoute que, s'il était reconnu que l'intention du cardinal fût de confier la régence du collège aux Jésuites, on lui fera entendre que « plusieurs fois, ce faict a esté proposé aux habitans ; que, par plusieurs considérations, la ville ne trouve pas bon les Jésuites; que, toutefois, lesdits habitans se fient tant de Mgr qu'ils feront ce qu'il trouvera bon et utille. » (Délibération du conseil de la ville du 20 mai 1593, Arch. comm. de Narbonne, BB. 4, f° 538 v°. — Voyez aussi BB. 8, f° 56 v°). — Les Jésuites essayèrent inutilement plus tard de s'insta'ler à Narbonne. « Du temps de ce prélat (l'archevêque Bertons de Crillon), en 1746, la société des Jésuites voulut s'établir dans Narbonne en vertu d'une maison logis du Dauphin qui leur fut léguée ; leurs sollicitations auprès du prélat et du conseil de ville furent pressantes, mais inutiles. On leur répondit : *Révérends pères, la ville n'a pas besoin de vous; si vous voulez tant y venir, de quatre élémens elle vous en accorde deux, l'air et l'eau ; vous avez la terre par la maison qu'on vous a donnée, pour le feu on sait que vous le portez partout.* » (P. Piquet, *Histoire de Narbonne.*)

Nous avons vainement cherché trace dans nos archives communales et dans les délibérations des conseils de la ville de la résistance qui fut opposée à l'installation des Jésuites et que les précédents rendent absolument plausible.

Babou est confirmé dans sa charge pour une année de plus.

La charge de régent du collège n'était pas donnée au basard et d'une manière arbitraire, mais à la suite d'un examen public, appelé « dispute ou conclusion », qui faisait ressortir les mérites des candidats. Dans la chapelle de la Madeleine s'assemblaient MM. les consuls, « légitimes administrateurs, patrons et fondateurs dudict collège, » le vicaire général et les chanoines députés du chapitre Saint-Just. A la suite d'une délibération, le futur régent était « receu et assigné aux disputes et à bailler thèzes suivant l'ancienne costume ». Au jour fixé, les personnages plus haut cités s'assemblaient au collège, et en leur présence, en présence de M. le juge royal de la ville, de docteurs et d'avocats, « d'aultres escolliers et personnages doctes, » il soutenait ses thèses et « disputait » publiquement. Quand il était « trouvé digne, suffizant, capable et tel qu'on scaurait désirer, » il était institué régent (1).

Quant aux régents des classes, ils étaient nommés par les consuls, sauf l'approbation de l'archevêque, de ses vicaires généraux et des chapitres Saint-Just et Saint-Paul (2).

---

(1) MM. les consuls pourvoiront à la régence du collège « comme vrayz patrons du fondateur dudit collège, et, a ces fins, M. Delort, présenté par M. Valterre, a présent régiant, sera receu aulx disputtes et a fere sa lesson, et après, advizé et jugé..... s'il est capable et digne de la charge..... preffairé avant tout aultre pour le méritte dudit Valterre, que, durant son temps, a si bien régi et gouverné ledit collège qu'il n'y a eu plainte aulcune contre luy,..... a la charge que ledit Valterre, comme il a promis, responde pour luy. » (Délib. du conseil de la ville du 30 nov. 1595, Arch. comm. de Narb., BB. 4, fº 549 vº.

(2) Un décret du concile de Narbonne, tenu en 1551, dit (Can. LVI *De magistris et rectoribus scholarum*) :

« Voluit concilium ne quis scholarum administrationi præficiatur hac in provincia, publice vel privatim, nisi prius Domino Episcopo, seu ejus vicario, aut alii viro ecclesiastico, ad quem jure vel consuetudine institutio pertinet, oblatus fuerit a consulibus vel iis quorum est offerre : qui cum interroget

Les contrats du chapitre Saint-Just nous ont fait connaître le règlement du collège. Ce règlement se retrouve dans les actes qui instituent les régents. Voici certaines dispositions contenues dans l'acte d'institution d'Henri Masuer en 1571 ; elles complètent celles que nous connaissons déjà.

« ..... Seront tenus lesdits régens faire dire ung *De profundis* chascun soir à leurs collèges et pensionnaires, au devant ladicte chappelle, pour l'âme de leur fondateur, et ce avant qu'ilz se retirent pour aller prendre leur repos.

« Item sera tenu ledict principal estipendier deux régens, l'ung desquelz ledict principal sera tenu nourrir audict collège, oultre et par dessus les quatre enfans collégiatz, et une chambrière qu'il aussi sera tenu nourrir et entretenir, bien et honnestement, comme ung bon père de famille est tenu faire à ses enfans.

« Aussi sera tenu ledict principal avoir libres, papier et enchre nécessaires ausdicts quatre enfants collégiats ; lesquels quatre enfantz collégiatz mesdicts sieurs les consulz seront tenus les tenir vestus et chaussez comme bon leur semblera.

« Aussi mesdicts sieurs les consulz seront tenuz fournir audict principal les meubles que luy seront nécessaires ;

---

de vita, moribus, fide et doctrina..... » (*Mémoires du clergé*, t. 1er, tit. v, ch. II).

« La bonne nourriture et éducation des jeunes enfans estant un des moyens les plus efficaces et certains pour etablir solidement la piété dans le Christianisme, il est de nostre obligation de bien connaitre ceux qui s'employent à leur instruction ; c'est pourquoy nous defendons à toutes personnes de faire la fonction de Régents s'ils ne se sont présentez à nous et n'ont receu nostre approbation par écrit, qu'ils feront renouveller tous les ans ; et à cet effet nous rapporteront certificat des recherches de leur bonne et sage conduite, et comme ils ont observé le règlement que nous leur avons donné, au pied duquel nous avons mis nostre approbation. » (Ordonnances de Mgr l'archevêque et primat de Narbonne rédigées et publiées au synode diocésain tenu par M. Jean Dagen, son vicaire général, le 24 novembre 1671).

desquelz se chargera par inventaire pour les rendre à la fin dudict temps.

« Seront tenus lesdicts régens avoir soigneusement l'œil et se prendre garde desdicts quatre enfans collégiatz à ce qu'ils soient bien apprins et instruictz, sans les aller faire vagabonder par la ville, chercher de vin à la taverne, ny d'eaue à la fontaine, moingz les employer à choses que ne soient licites et honnestes. Et davantage, s'ilz cognoissent que lesdicts enfans collégiatz soient de rude engin et malaisez à apprendre, en advertiront mesdicts sieurs les consulz, pour, en leur lieu et place, en y mectre d'aultres plus doux et capables à recepvoir les lectres. Seront tenus davantage faire déclamer lesdicts pauvres enfans quatre foys l'année, audict colliège, et non aillieurs.

« Seront tenus lesdicts régens apprendre et enseigner les pauvres enfans de ladicte ville de Narbonne et son diocèse gratuitement, sans prendre aulcun sallaire, quant plaira à leurs parents les y envoyer.

« Sera permis audict principal de tenir avec soy ses autres deux régens, ou ung seullement audict coliège; mais l'aultre sera tenu y faire lecture en classe, comme dessus est dict.

« Les exemples à escripre se bailleront tous les jours, ainsi que sera besoing, par ung précepteur à ce souffisant; lequel aussi apprendra aux petis enfans l'alphabet et lire aux aultres, sans qu'il puisse rien demander ny prendre desdicts enfans pour ladicte doctrine. Lequel précepteur sera nourry et stipendié audict colliège aux despens dudict principal.

« Si le temps est pestillant, il sera permis audict principal retirer les enfans domestiques avec soy, pour esviter le dangier, aux champs, à son choix; pendant lequel temps collront ses gaiges comme si estoict audict colliège, affin de ne pervertir l'estat dudict coliège, et pourra se desfaire de ses régens, au préalable le tout communiqué à mesdicts sieurs les consulz.

« Item ledict principal pourra aller tous les dimenches, festes et aultres jours commandés, à la messe et service divin à Sainct-Cosme, pour la commodité, et pendant l'Advent et Caresme à Sainct-Pol, pour le sermon.... (1) »

Voici, d'après les comptes des clavaires, un tableau qui nous fera connaître, pendant une certaine période, les dépenses du collège et des écoles (2).

1535. Durant Nautonnier, clavaire... 127 liv. 4 s. 4 d.

1537. Claude Verzeille, claivare.

F° 153. Payé à Monsieur Me Loys Amadieu, Me d'escolles en déduction de la pension des collégiatz xxv liv. en deux fois.

F° 153 v°. A Monsieur Me Michel Victor, Me d'escolles pour le rembourcer de despence faicte en venant d'Alby en ceste ville et s'en retournant.............. IV liv. X s.

A Me Anthoyne Arnaud Me d'escolles pour la despence de lui et des collégiatz.................. XXI liv. V s.

A Monsieur Me Michel Victor Me des escolles pour partye de la pension des collégiatz x liv. t. et x setiers de fourment.

---

(1) Arch. comm. de Narbonne, BB. 58, f° 125 v°.

(2) La création du collège n'absorba pas les écoles Nous voyons, en effet, celles-ci fonctionner à côté de l'établissement de Mathieu Peyronne, par ex. en 1542. Les comptes de cette époque désignent Charles de Utiola comme maître régent du collège, Jacques Louys comme régent des écoles. Plus tard. quand les Doctrinaires auront pris la direction du collège, nous verrons Jean Arboux, *régent des écoles de la paroisse Saint-Paul*. (Archives du greffe du tribunal civil de Narbonne, reg. de la Major, acte de baptême du 21 mai 1730), et Raphaël Rascas, *régent des écoles* (Ibid., reg. de la Major, acte de baptême du 24 mars 1741). C'est d'ailleurs un fait reconnu qu'en France, au moyen-âge, les universités et collèges ne firent pas disparaître les écoles. Les unes, élémentaires, ouvertes aux deux sexes, étaient appelées ordinairement *petites écoles* ou *écoles françaises*, et leur enseignement consistait dans la lecture, l'écriture, quelques éléments de la langue vulgaire et le chant ecclésiastique. Les autres, ouvertes aux garçons, étaient désignées sous le nom de *grandes écoles* ou *écoles latines*. (Lacroix, *Sciences et lettres au moyen âge*, p. 29.)

F° 154. Au même pour déduction de la pension de lui et des quatre enfants collégiatz.................. XX liv.

Au dit Victorius pour ses gaiges de troys moys et demy.......................... XIV liv. XI s. VIII d.

A Me Anthoyne Reynaud Me des escolles pour avoir regit et tenu les escolles de ladite ville d'avril à juillet. IX liv.

A Me Michel Victorius Me régent des escolles en déduction de la pension de luy et des quatre collégiatz. XX liv.

F° 154 v°. Au même pour reste de la demy année que a regides les escolles.................. X liv. VIII s. IV d.

Au même pour la dépense de lui et des collégiatz. XX liv.

Dépense totale, y compris les fournitures non portées dans ce tableau : 195 liv. 18 s. 8 d.

1538. Pierre Anthoyne Guerre, clavaire.

F° 162 v°. A messieurs Dominge et Claude Soral maistres d'escolles pour la dépence qu'ils ont faicte attendans pour sçavoir si on leur bailleroyt les escolles de la ville.. IV liv. X s.

F° 173 v° à 175 v°. Dépenses diverses payées aux régents Michel Victor, André Briau, Jehan Cunigam.

Dépenses totales, 221 liv. 4 s. 17 d.

1539. Jehan Guignard, clavaire... 256 liv. 8 s. 13 d.
1540. Bernard Montanier........ 172 liv. 2 s. 8 d.
1541. Gabriel St-Jean........... 276 liv. 4 s.
1545. Gabriel Puechmija........ 194 liv. 9 s.
1548. Antoine Calmet........... 249 liv. 30 s. 10 d.
1552. Pierre de Ramon........ 129 liv. 4 s.
1553. Jean Esquillier........... 631 liv. 10 s. 10 d.
1554. Barthélemy Fabre Séguier. 292 liv. 5 s. 5 d.
1555. Méric Rigaud............ 278 liv. 17 s. 1 d.
1556. Jean Dumas.............. 203 liv. 15 s. 7 d.
en argent, et en blé 27 setiers.
1558. Philippe Mel............. 175 liv. 5 s. 8 d.
1561. Simon Dulum............ 147 liv. 7 s. 6 d.

1562. Simon Dulum............ 221 liv. 14 s. 11 d.

Dépenses des blés en nature tant pour les hôpitaux que pour l'école et les messagers consulaires : 469 setiers (1).

1564. Méric Rigaud............ 248 liv. 18 s. 8 d.
1565. Aymeric Rigaud.......... 478 liv. 9 s.
1566. Aymeric Rigaud.......... 326 liv. 2 s.
1567. Méric Rigaud............ 325 liv.
1568. Jean Fabre Séguier....... 406 liv. 5 s.
1570. Simon Berre............. 319 liv. 18 s. 3 d.
1571. Gabriel Bilhart........... 326 liv. 16 s. 8 d.
1573. Béraud Moynier.......... 234 liv. 8 s. 4 d. (2).

Comme on le voit par le tableau qui précède, le budget de l'instruction publique à Narbonne subit d'une année à l'autre des variations souvent fort sensibles.

On a dit quelquefois que rien n'était plus triste et plus piteux que ces collèges du moyen âge où quelques maîtres, aussi pauvres que leurs élèves, partageaient une vie famélique (3). Le *Dit des Crieries de Paris* nous montre au xive siècle les écoliers du collège des Bons-Enfants de la rue St-Honoré errant dans les rues et demandant l'aumône aux passants :

> Les bons enfants orrez crier :
> Du pain!.....

Il n'en fut pas ainsi au collège de Narbonne; l'existence des maîtres et des collégiats y était largement assurée par

---

(1) En 1562, Jean Cogomblis est chapelain du collège ; il lui est alloué 9 liv. 12 s. 6 d. « pour avoir fait dire et célébrer une messe basse chaque semaine. »

(2) Archives communales de Narbonne, série CC. *passim*.

(3) P. Lacroix, *Sciences et lettres au moyen âge*, p. 26.

la libéralité de Mathieu Peyronne, et si parfois le collège eut à traverser une période de crise, il faut croire qu'il y fut pourvu par les consuls dont le dévouement aux intérêts de la cité ne se démentit jamais, même au milieu des circonstances les plus difficiles, et qu'anima toujours un esprit viril qui peut leur faire appliquer le mot de Montaigne : « C'étaient de belles âmes frappées à l'antique marque. »

IV

En 1619, l'archevêque Louis de Vervins propose au conseil de la ville de faire venir à Narbonne les Pères de la Doctrine chrétienne, de l'ordre de Somasque connus sous le nom de Doctrinaires, et de leur confier l'administration du collège (1). Une commission, composée des consuls et de MM. Valterre, Rouhard, François Cerezon, Durand Bosquet, Jean Horliac, Séguy et Daumelas, est chargée de remercier l'archevêque « de la bonne volonté et affection qu'il a envers la ville, et avec luy conférer des moiens et

(1) L'ordre des Pères de la Doctrine chrétienne a été fondé par César de Bus, de Cavaillon, en 1592. C'est aussi César de Bus qui institua une congrégation de femmes destinée à l'instruction des jeunes filles; il leur donna le nom de *Filles de la Doctrine chrétienne*, et ensuite celui d'*Ursulines*. — V. *Biographie universelle* de Michaud, au mot Bus (César de); P. Pierre Du Mas, prêtre doctrinaire, *Vie du vénérable César de Bus;* Granget, *Histoire du diocèse d'Avignon*, t. II, p. 185 et suiv.

expédiantz qu'il a pour facillitter de placer MM. les Doctrineres au colliège de ceste ville » (1). Il est décidé d'offrir aux Doctrinaires dix-huit cents livres et même deux mille livres « pour faire cinq classes d'humanités, jusques a la rectorique incluzivement, comprins les fruitz de la prévande a laquelle le chapitre St-Just est tenu, sans a ce comprandre les habilhemans des quatre collégiatz ;.... le tout soubz le bon plaisir du roy et de la court » (2). Le 7 avril 1619, le contrat relatif au bail du collège aux Pères de la Doctrine chrétienne demeure approuvé par le conseil de la ville ; mais il y est ajouté « que la somme quy leur est accordée est pour toutz droictz qu'ilz pourroient avoir, préthandre et demander, tant sur les biens dellaissés par feu Mathieu Peyronne et par toutz autres, en quoy que consistent et pourroict concister ; comme aussy y sera adjousté qu'ilz n'emploieront les collégiatz a aulcunes heuvres méquaniques, ains a l'estude et a les former aux lettres. D'ailheurs, que, ou lesdits peres relligieux ne sattisferont auxdits articles et convantions portées par le contract que sera avec eulx passé, il sera du pouvoir de MM. les consulz et conseil général de les destituer. Et, finallemant, que ou quand lesdits peres viendroient a laisser ledit colliège, que le patronat demeurera tousjours, comme il est a présant, a la ville. » En outre, MM. les consuls devront approprier les bâtiments, organiser l'ameublement du collège avec la plus grande économie, et ne pas dépasser, pour ce double objet, une somme de 3,000 livres. Enfin, M. le premier consul est prié de s'adjoindre deux membres du conseil pour aller, dès ce soir, prier MM. du chapitre St-Just « de voulloir bailler, pour les fruictz de la prébande, la somme de six cents livres, quy serviront en aténuation des deux

---

(1) Délibération du conseil de la ville du 13 janvier 1619, Arch. comm. de Narb., BB. 10, f° 453.

(2) Délibération du 24 février 1619, *ibid.*, BB. 10, f° 481.

mil livres accordées auxdits peres Doctrineres. » S'ils refusent de compter annuellement cette somme, ils y seront contraints à la diligence des consuls par les voies judiciaires (1).

Toutes choses ayant été réglées entre la ville et les Doctrinaires (2), l'archevêque Louis de Vervins les fit venir d'Avignon, et les reçut à Narbonne le 16 juillet 1619. Le lendemain, un bail consenti par l'archevêque, le chapitre St-Just et les consuls, au P. Antoine Vigier (3), provincial en France des Doctrinaires, confiait à ces derniers le collège fondé par Mathieu Peyronne. Voici cet important document.

« Comme ainsy soit qu'il a esté reconnu de tout tems que pour entretenir les républiques fleurissantes il a esté nécessaire, pour icelles maintenir en bon état, que de faire instruire et élever la jeunesse à la piété, religion catholique, apostolique et romaine, ez lettres humaines, par lequel ordre chacun est maintenu a son devoir soit en ce qui regarde la loy de Dieu et celle des hommes, lesquelles nous élevent à la connoissance parfaite de notre devoir pour rendre nos actions a l'honneur et gloire de Dieu, l'obéissance a notre prince, et la balance de justice qui doit estre gardée envers notre prochain, de sorte que, par ce moyen, les villes en demeurent meilleures; pour a quoy parvenir auroit été trouvé nécessaire d'avoir des personnes capables et permanentes a faire ladite instruction, qu'a esté cause que, par la prudence, zelle et affection particuliere au bien public de Mon-

---

(1) Arch. comm. de Narbonne, BB. 10, f° 494 v°.

(2) « L'an 1619 et 4me du mois de juillet, en Avignon et au collège Sainct Jean, le R. P. provincial, assemblés le R. P. Pierre Gallois, recteur, le P. Antoine Ruffier, le P. Gabriel Dufaur et le P. Martin Dureau, ses conseillers particuliers et illec assemblés en la chambre de Nre B. Père fondateur, leur a proposé les articles avec lesquels on devait contracter la réception du collège de Narbonne. Les articles sont reçus avec quelques modifications. *Signé,* Vigier, provincial, Gallois, Ruffier, Gabriel Dufaur, M. Dureau, Berardi. » (Archives de Me Favatier, notaire).

(3) Il est désigné dans plusieurs actes, et notamment dans le bail cité par nous, sous le nom de *Vigis;* c'est une erreur, le véritable nom est *Vigier.*

seigneur l'illustrissime et révérendissime archevêque et primat de Narbonne, les peres religieux Doctrinaires de l'ordre de Soubmague (1) ont été appellés pour estre installés au collège de la ville de Narbonne; par le moyen de laquelle installation les bonnes familles demeureront entretenues en leur splendeur, les pauvres qui auront des enfants capables aux lettres, élevés aux charges publiques, ceux qui aspireront a l'état ecclésiastique, dignes d'y estre receus, les femmes veuves et enfans orphelins, soulagés. Sur lesquelles considérations et autres qui se peuvent rettirer de cette saincte action, le conseil général tenu en la maison consulaire dudit Narbonne, le dimanche septième jour du mois d'avril dernier, auroit donné pouvoir a Messieurs les consuls et députés cy apres nommés de passer le contract auxdits peres religieux, soubz les articles cy après spécifiés accordés avec révérand père Antoine Vigier, provincial en France desdits peres de la congrégation de Soubmague; lesquels ayant été aussy communiqués tant a Monseigneur l'illustrissime archevêque que a Messieurs du vénérable chappitre de l'église sainte et métropolitaine dudit Narbonne, il ne restoit a présent que d'en passer le contract suivant.

« Pour ce est-il que ce jourd'huy, dix septieme jour du mois de juillet mil six cens dix neuf, dans le palais archiépiscopal de Narbonne, apres midy, régnant tres chrétien prince Louis, par la grace de Dieu, roy de France et de Navarre, pardevant Monseigneur l'illustrissime et révérendissime messire Louis de Vervins, archevêque et primat de Narbonne, conseiller du roy en ses conseils d'Etat et privé, et président né des Etats généraux du pays de Languedoc, a l'assistance et présance de Messieurs Charles de Cazaletz, docteur ez droits, grand archidiacre en l'église sainte dudit Narbonne, official métropolitain d'icelle, Jacques de Bunis, docteur ez droits, chanoine et précempteur, François Flassa et Guilhaume Juliard, chanoines en ladicte église et docteurs en la sainte théologie, deputés dudit chappitre, agréant le présant contract, présant moy notaire et témoins bas nommés, constitués en leurs personnes Messieurs maistre Charles Rouhard, docteur ez droits, juge en toute la temporalité dudit seigneur archeveque, honorables hommes les sieurs Henry Sartre, Estienne Vignes, Gaspard Pellissier et Jean Denos, tous

(1) Les Doctrinaires, congrégation d'origine française, restèrent unis *de droit* avec les Somasques d'Italie de 1616 à 1647.

cinq consuls et légitimes administrateurs de l'université dudit Narbonne, honorable homme Jacques de Campredon, aussy consul, étant en la ville de Toulouze pour les affaires de ladite université, maistre Mathurin Valtere, docteur ez droits, avocat en la Cour dudit Narbonne, les sieurs François Cereson, recoveur des décimes au diocese d'icelle, Durand Bosquet, notaire, Jean Horliac, receveur des droits forains, Pierre Séguy, chevaucheur de l'écurie du roy audit Narbonne, et Philipe Daumelas, procureur en icelle, tous conseillers matriculés en ladite maison consulaire dudit Narbonne et députés d'icelle par la susdite délibération du conseil général; lesquels, suivant leur pouvoir, ont baillé et baillent à perpétuité auxdits peres religieux de la Doctrine chrétienne de la congrégation de Soumague, pour eux présant, stipulant et acceptant révérand père Antoine Vigier, leur provincial en France, expressément député par révérends peres Antoine Ruffier, Gabriel Dufaur, Pierre Galloys et Martin Dureau, ses conseillers, suivant le pouvoir a eux donné par leur chappitre provincial assamblé et tenu en la ville d'Avignon, le dixieme avril dernier, comme a fait aparoir de sa députation originelle du quatrieme du présant mois, incérée dans un livre de leurs délibérations qu'il a exhibé et ensuite rettiré, en ayant laissé coppie devers moy notaire, et encore promet se faire ratiffier et en rapporter la ratiffication dans deux mois, le collège de la présente ville de Narbonne, pour l'instruction de la jeunesse, aux pactes et conditions suivantes, le tout soubz le bon plaisir de Sa Majesté:

« Premièrement seront tenus lesdits religieux de faire instruire ladite jeunesse par des religieux de leur ordre capables, et non par d'autres, aux lettres humaines. Et a cet effet feront six classes, la plus basse desquelles sera pour aprendre a lire les jeunes enfans, tant ceux de la ville que autres forains et étrangers qui y pourront venir, et successivement de classe en classe jusques a la première classe inclusivement, en laquelle sera fait proffession de la rhétorique pour rendre les auditeurs capables de la philosophie, sans pouvoir exiger aucun droit ny salaire desdits enfans ou écoliers de la ville, forains ou étrangers, soit ecclésiastiques, religieux ou lais, pour leur instruction. Et, affin de rendre les auditeurs plus capables aux bonnes lettres, leur feront leçons en grec et en latin, outre les catéchismes et leçons de piété, comme on a accoutumé de faire aux collèges bien régis.

« Néanmoins, a ce que la ville tire quelque fruit pour l'édification de la conscience desdits habitans, lesdits peres tiendront quatre religieux prêtres de leur ordre pour estre recteur ou préfet des études, ou vacquer aux confessions, exhortations et autres devoirs et exercices de la doctrine chrétienne, suivant leur institution et règle, au préalable aprouvées par mondit seigneur l'archeveque, ou son vicaire général.

« Et, pour éviter à l'interruption des études qui pourroit arriver pour l'infirmité ou autre nécessité des six régents desdites six classes, lesdits révérends religieux en tiendront deux autres de réserve, comme supernuméraires, pour faire les classes des défaillhans.

« Seront, en outre, tenus de nourrir et entretenir de la dépence de bouche et lit tant seulement, dans ledit collège, quatre enfans tels qui leur seront baillés par les consuls, et de les instruire et enseigner a la piété et bonnes lettres comme les autres écoliers, sans les pouvoir employer a aucunes œuvres mécaniques. Et pour les serviteurs qui leur pourront estre nécessaires, iceulx religieux seront tenus de les nourrir, entretenir et salarier comme bon leur semblera.

« Pour l'entretien de toutes les personnes nécessaires, en quel nombre qu'ils puissent estre ou pourroient estre a l'avenir, pour quelque cause ou occasion que ce soit et puisse estre, pour satisfaire au contenu des présents articles, lesdits consuls et communauté de ladite ville seront tenus de payer, bailler et délivrer annuellement auxdits révérends peres qui régiront ledit collège la somme de deux mille livres, a ce compris la somme de six cens livres accordée par le vénérable chappitre de l'église sainte et métropolitaine de Narbonne pour la prébande préceptoriale affectée audit collége et comme appert par le contract retenu par moy notaire, le 25 may dernier. Laquelle dite somme de deux mille livres sera payée, par avance, en deux payes égalles, scavoir: moitié à la Nativité Saint-Jean-Baptiste, et l'autre moitié à la Noel, outre les huit poinieres de sel qu'ils prendront dudit chappitre suivant l'acte de la ratification dudit contract, retenu par Me François Bosquet, notaire, les an et jour y contenus.

« Baillent lesdits sieurs consuls auxdits religieux pour faire leurs dits exercices le collège ou a présant l'on a accoutumé d'exercer la jeunesse, et icelluy faire bastir et accomoder en telle sorte qu'ils puissent loger et faire le susdit exercice, et icelluy meubler, pour une fois tant seulement, des choses nécessaires suivant la descence et qualité des personnes, de leur profession, et pour l'usage desdits collégiats. Et ce fait, lesdits religieux se chargeront de l'entretien tant dudit battiment que meubles, a perpétuité et a leurs dépans, sans qu'ils puissent jamais rien plus demander.

« Davantage lesdits sieurs consuls feront bastir une église, laquelle ils meubleront, avec les deux autels, des meubles et ornements nécessaires, pour une fois seulement. Et après, lesdits peres religieux l'entretiendront et meubleront a perpétuité comme dessus.

« Aussy seront tenus lesdits sieurs consuls d'entretenir les quatre enfans collégiats tant des habits nécessaires, de telle couleur et livrée que bon leur semblera, que des drogues, médicamens, visites des médecins, chirurgiens et apoticaires, que leur feront besoin en cas de maladie.

« Est de même convenu et accordé par expres que nonobstant tous privilèges et exemptions que lesdits peres religieux pourront avoir et prétendre en (quelque) façon et maniere que ce soit, il sera loisible a mon dit seigneur l'archevêque, ou son vicaire général, MM[rs] dudit chappitre et auxdits sieurs consuls, ou tels que par eux seront députés, de pouvoir, toutesfois et quantes que bon leur semblera, visiter lesdites classes dudit collège, tant seulement pour prendre garde a l'exercice des études et instruction de la jeunesse. Et en cas ils y trouveront des manquemens, pourront lesdits sieurs archevèque, chappitre et consuls, de commun consentement, faire contraindre lesdits religieux a l'observation desdits articles par les voyes ordinaires en tel cas requises et pardevant qui il appartiendra.

« Demeure aussy accordé que ledit collège sera exempt de toutes tailles (1) et impositions ordinaires et extraordinaires pour raison des maisons a présant encloses dans ledit collège ou autres que par cy apres y pourront estre annexées et enfermées dans ledit enclos, pour l'augmentation et utilité d'icelluy seule-

---

(1) Taille, imposition levée sur les personnes qui n'étaient ni nobles ni ecclésiastiques, ni exemptes à un titre quelconque. La taille réelle était assise sur les biens, la taille personnelle était imposée par tête, et la taille mixte portait à la fois sur les biens et les revenus de toute nature (A. Monteil, *Les gens de finance*, p. 24). Le mot de taille venait de l'usage des collecteurs d'impôts de marquer sur une taille de bois ce qu'ils avaient reçu des contribuables.

ment. Ensemble lesdits peres religieux et leur famille servant audit collège seront exempts de faire garde en quel cas ou nécessité que puisse estre, et encore du logement des gens de guerre au autre. Et néanmoins jouiront des privilèges et exemptions dont les vrays habitans de ladite ville ont accoutumé de jouir.

« De plus est accordé que cas advenant que lesdits peres religieux viendroient a acquérir des terres et possessions dans l'enclos ou terroir de la ville, autres que celles de l'enclos dudit collège, comme dit est, icelles seront sujètes a toutes impositions et charges ordinaires et extraordinaires.

« De plus, lesdits religieux seront tenus de faire l'ouverture dudit collège le lendemain de la fête Saint-Luc, tant la présante année que les années subséquentes, a perpétuité; a laquelle ils appelleront mondit seigneur l'archevêque, ou son vicaire général, Messieurs dudit chappitre parlant aux sieurs prévôts, ou l'un d'eux, et lesdits sieurs consuls, pour s'y trouver si bon leur semble, et que le même (ordre) sera observé en toutes les histoires et prix publiques qu'ils représenteront audit collège.

« Seront aussy tenus lesdits religieux fere dire, par les quatre enfans collégiats, assistés d'un desdits religieux, tous les soirs, un Salve regina et un De profundis pour l'ame de feu Mathieu Peyronne, fondateur dudit collège, et tous les samedis et veille des fêtes de Notre-Dame, Complies.

« Ne pourront lesdits religieux, moyennant le payement de ladite somme de deux mille livres, demander ny prétendre autre chose, soit sur Messieurs dudit chappitre pour raison de la susdite prébande préceptoriale, ou sur la ville a cause des biens donnés à ladite université en considération d'un collège par ledit sieur Mathieu Peyronne, ny par quelque autre que ce soit, jusques a présant, en quoy qu'ils concistent et pourroient concister.

« Et finallement demure accordé que lesdits quatre collégiats ne pourront estre congédiés ni receus audit collège qu'a la nomination et volonté desdits sieurs consuls comme vrays patrons dudit collège, lequel droit de patronat se réservent par expres et a perpétuité sans pour cela derroger aux ordonnances du roy et arrêts de la cour, ny au droit dudit seigneur archevêque.

« Et pour l'observation et entier accomplissement du contenu en ce dessus, lesdits sieurs consuls et députés, suivant leur dit pouvoir, ont obligé tous et chacuns les biens de ladite ville et université dudit Narbonne, et ledit révérend pere Antoine Vigier, provincial, tous et chacun les biens de leur dite congrégation, présans et a venir, qu'ils ont respectivement soubmis aux rigueurs de toutes cours et scellés du présent royaume de France, avec les renonciations de droit a ce nécessaires.

« Ainsy l'ont promis et juré en présance de M. Jean Bertelier, avocat en la Cour royale et secrétaire de mondit seigneur l'archevêque, les sieurs Pierre Salvagnac et Jean Caussat, marchants dudit Narbonne, témoins a ce requis et appellés, soubzsignés, avec mondit seigneur l'archevêque, mesdits sieurs les députés dudit chappitre, et Messieurs les consuls et députés de ladite ville et ledit révérend pere Vigier, provincial, et moy, notaire. *Signés:* de Vervins, archevêque de Narbonne, Cazalets, de Bunis, Flassa, Julliard, Rouhard, consul, Sartre, consul, Vignes, consul, Pellissier, consul, Denos, consul, Vigier, provincial, Valtere, député, Cereson, député, Bosquet, député, Horliac, député, Séguy, député, Daumelas, député, Pierre Salvagnac, Jean Caussat, Bertellier, Senty notaire » (1).

L'enseignement donné au collège des Doctrinaires est complet; il comprend l'enseignement primaire et l'enseignement secondaire; on prend l'enfant de bonne heure, on lui enseigne à lire, et on le conduit jusqu'en rhétorique et en philosophie.

La gratuité de l'enseignement est absolue; on ne peut « exiger aucun droit ny salaire » des élèves, quels qu'ils soient, originaires de la ville ou étrangers.

L'institution des quatre collégiats, qui rappelle celle des boursiers dans nos établissements modernes, n'est pas nouvelle. « Les fondateurs et les bienfaiteurs des collèges de l'Université y avaient institué des bourses pour les écoliers pauvres. Les rois de France en ajoutèrent de nouvelles. Ainsi, en 1474, les enfants de chœur de la cathédrale de Paris obtinrent de Louis XI la concession à perpétuité d'une bourse au collège de Navarre... Louis XI

---

(1) Arch. comm. de Narbonne, AA. 117, cartulaire E, f° 81 v°.

décida qu'une bourse serait accordée à celui des enfants de chœur que le chapitre métropolitain aurait désigné. Les enfants de chœur de Saint-Martin de Tours obtinrent le même privilège » (1).

L'externat est la règle du collège des Doctrinaires. Au XVIIe siècle, l'internat est à peu près inconnu en province. Montaigne s'insurgeait contre la « police » des collèges de son temps, qu'il considérait comme de « vrayes geaules de jeunesse captive. » A l'exception des collégiats, qui sont internes, tous les élèves du collège des Doctrinaires ne viennent au collège que pour les classes et reprennent ensuite leur liberté.

L'archevêque, le chapitre métropolitain et les consuls ont le droit de visiter le collège afin d'en vérifier le fonctionnement; les consuls sont les « vrays patrons » du collège et exercent une surveillance continuelle.

Telle est dans ses dispositions principales l'économie du règlement que nous venons de citer.

L'installation des Doctrinaires à Narbonne ne se fit pas sans quelques difficultés. Les gens du roi près le Parlement de Toulouse y firent opposition et présentèrent une requête tendant à les empêcher de prendre la direction du collège de Narbonne. Les archives communales nous indiquent les démarches faites par le conseil de la ville auprès du Parlement pour faire lever l'opposition (2), mais nous ne connaissons pas la requête et les moyens qu'elle développait; le classement de nos archives nous la fera peut-être connaître un jour.

Par des lettres patentes, données à Tours le 16 septem-

---

(1) Chéruel, *Dict. hist. des institutions, mœurs et coutumes de la France*, v° *Université*.

(2) Arch. comm. de Narb., BB. 10, f° 553 et suiv.

bre 1619 (1), Louis XIII autorisa les Doctrinaires à s'établir dans le collège de Narbonne, « en considération de ce que la pluspart des colliéges de noz villes sont bien souvens régis et gouvernés par personnes vagabondes dont les meurs sont desréglées, qu'aussy pour la commoditté de noz pouvres subjectz qui ne pourroyent autrement faire instruire ny eslever leurs enfans à la cognoissance des lettres (2). »

Les Doctrinaires occupaient une partie de l'île Saint-Cosme, comprenant les maisons Berthomieu, Castel, Sauzède, Pouverin, et l'église Saint-Cosme (aujourd'hui salle de spectacle), qui devint, par sentence archiépiscopale du 10 décembre 1621, l'église du collège quand la rectorie Saint-Cosme fut unie, en 1620, à la manse capitulaire de Saint-Just (3). Ils possédaient aussi une maison située dans l'île St-Alexandre (aujourd'hui maisons Sarrère et Jalard) et reliée à l'établissement par une arcade de pierre (4).

Une plaque commémorative, en marbre blanc, aujourd'hui déposée au Musée de Narbonne, où elle figure sous le numéro 219, était placée au-dessus de la porte d'entrée de l'établissement et indiquait l'arrivée à Narbonne des Pères Doctrinaires :

---

(1) Elles furent enregistrées au greffe consulaire le 17 oct., « mises avec le contract, conseils sur cest affaire, quittance desdits pères pour l'ameublement, le tout en parchemin, dans une boitte de fer blanc dans les archifz. » (Arch. comm. de Narb., BB. 10, f° 572 v°).

(2) Arch. comm. de Narbonne, AA. 116, cartulaire D, f° 28.

(3) Arch. comm. de Narbonne, série GG, registres de St-Just de 1606 à 1635, baptêmes, fol. 51.

(4) Voir un plan de Narbonne, de 1720, à la Bibliothèque publique de cette ville.— Le 15 mars 1620, les Doctrinaires demandent l'autorisation « de pouvoir faire ung arc pour aller du colliége à la maison de M. Pradel, ou ilz demeurent. » Le conseil décide que les consuls accorderont l'autorisation quand ils auront constaté que le service public n'en souffrira pas. (Arch. comm., BB. 10, f° 623 v°).

PAR▲PERMISSION▲DE▲TRES▲CHRESTIEN▲LOVIS▲XIII▲DE▲IVSTE▲ROY▲DE FRANCE▲ET▲DE▲NAVARRE▲LES▲PERES▲DE▲LA▲DOCTRINE▲CHRESTIENNE▲ONT▲ESTE▲INSTALLES▲AV▲PRESANT▲COLEGE▲ESTANT▲CONSVLZ▲M^R▲M^E▲CHARLES▲ROVHARD▲IVGE▲EN▲TOVTE▲LA▲TEMPORALITE▲DE▲LARCHEVESCHE▲DE▲NAR^NE▲HONORABLES▲HOMMES▲HENRY▲SARTRE▲ESTIENNE▲VIGNES▲IACQVES▲CAMPREDON▲GASPARD▲PELISSIER▲ET▲JEHAN▲DENOS▲EN▲LANNEE▲ 1▲6▲1▲9▲

Les constructions qui ont été élevées dans les temps modernes sur l'emplacement du collège ont complètement modifié les dispositions primitives dans la partie faisant face à l'ancien rempart et au plan des Barques de Cité. Il n'est resté que les deux cours avec les grandes portes qu'on voit encore aujourd'hui. Les bâtiments n'avaient d'ailleurs rien de monumental. Joignant l'église se trouvait une porte du moyen-âge dénommée porte de Saint-Cosme, *portale Sancti Cosmi*, qui disparut dans la première moitié du XVIe siècle, lors de la construction des murailles de la ville.

En 1625, les Doctrinaires demandent à fermer une rue qui conduit à leur église du côté du marin pour y faire la cour de leur collège, et offrent de donner passage au public en ouvrant une autre rue du côté du cers. Le 28 septembre, permission leur est donnée « de fermer la rue par eux demandée, au préalable avoir ouvert l'autre, a droicte ligne et a leurs azards, périls et fourtunes, sans préjudice du droict du roy et d'autruy (1). » Le 5 juin 1645, il est

(1) Arch. comm. de Narbonne, BB. 14, f° 79 v°.

décidé par le conseil de la ville que la délibération prise en l'année 1625 leur sera notifiée par les soins des consuls avec toutes protestations et réserves, en cas d'inexécution des clauses de cette délibération (1), et sommation leur est faite par l'acte suivant :

« L'an mil six cens quarante-cinq et le second (2) jour de juing à Narbonne apres midy, prezens moy nottère et tesmoings, Messieurs les consuls de lad. ville avec Messieurs François de la Bolandière et François Grachi, docteurs et advocatz depputés, par délibération generalle prinze en la maison consulère de lad. ville le cinquiesme de ce mois ont dict aux révérands pères de la doctrine crestienne du collège dud. Narbonne en parlant à reverand père Mathieu Bouleran sindic de la maizon, qu'à suitte de la prière par eulx faitte aud. conseil de ville par requeste qu'ils luy presantèrent en l'année MVI[e] vingt cinq signée du révérand père Hospitalery leur recteur, contenant de leur permettre de fermer une rue par laquelle on va à leur esglize du costé de marin pour y faire la cour de leur collège sur l'offre qu'ils fezoient de donner passaige au publiq et ouvrir autre rue du costé de cers et dans leur basse cour quy est à présent, il feust prins deslibération le vingt huitiesme septembre aud. an quy leur accorde le faict de leur requeste à condition d'ouvrir lad. rue à droitte ligne et à leurs azards, périls et fortune et sans préjudice du droit du roy et d'autruy, néaulmoings lesd. Pères ayant mis leur nouveau bastiment en estat logeable et par ainsin pretz à fermer lad. rue du costé de marin pour y fère leur cour, ils ne peuvent non sullemant ouvrir la rue qu'ils ce sont obligés, mais bien loing ils bastissent a l'endroit qu'ils doibvent la donner, qu'est cauze que pour l'inthérest du roy qu'ils y recognoissent pour la necessité qu'il y a qu'en cest endroict y ayt rue pour pouvoir aller sans aulcung destour à la porte faulce et à l'entrée du port qui l'avoizine, mesmes pour ce rendre en cas d'alarme à la place d'armes quy est marquée au plain des barques de citté et pour

(1) Arch. comm. de Narbonne, BB. 20, f° 337 v°.

(2) Cette date est évidemment erronée ; en effet, quelques lignes plus bas, il est question d'une délibération du conseil de la ville prise le 5 juin.

celluy du publiq dont ils ont receu diversses plaintles, lesd. sieurs consuls et depputés susd. notiffient ausd. pères tant la requeste dud. père Hospitalery que deslibération prinze sur icelle, les somment et requièrent de la garder et observer, sy mieuls ils n'ayment laisser lad. rue du costé de marin en l'estat qu'elle est, aultrement et à faulte de ce fère au [cas qu'ils] la fermeroient comme ils tesmoignent [le vou]loir fère, leur protestent que pour les susd. [contraventions] la ville uzera de son droit sans... respondre du démolissement qu'il conviendra aud. cas fère et tout aultrement de tout ce qu'ils peuvent et doibvent protester. Led. père Bouleran a requis coppie dud. acte et lesd. sieurs consuls percistant en leursd. protestations, a été concedée ez prezances de Pol Senty et Jaques Gibert praticiens soubzsignés avec lesd. s[rs] consuls et moy nottère. »

Signé: GUISSANNE, consul, DENOS, consul, GIBERT, SENTY, GAUBERT, notaire (1).

« La soutane des clercs de la Doctrine chrétienne était cousue à la hauteur de deux pieds et le reste se boutonnait jusqu'en haut. Le manteau était de même longueur. A dater de 1733 l'habit des convers devint une tunicelle et un manteau de drap noir descendant un peu au-dessous du genou; mais il pouvait être plus court pour les voyages (2) ».

Les Doctrinaires faisaient au chapitre Saint-Just l'hommage annuel d'une livre de cire blanche, en raison de l'union à leur collège de l'église Saint-Cosme. Plus tard, cette rente en nature fut convertie en une rente de 20 sols.

A chaque changement d'archevêque ils payaient aussi 19 et 20 sols, à titre d'indemnité pour les maisons acquises par eux dans la directe du chapitre.

Les prix donnés à la fin de l'année scolaire aux élèves portaient les armes de la ville et les noms des consuls en

(1) Archives de Mᵉ Favalier, notaire.

(2) Encycl. théol. de Migne, *Dict. des ordres religieux*, t. II, vº DOCTRINE CHRÉTIENNE EN FRANCE (Prêtres de la).

fonctions. La distribution des récompenses était précédée d'exercices littéraires ou de représentations dramatiques dont les acteurs, pris parmi les élèves, recevaient des consuls une somme d'argent pour les défrayer des dépenses qu'ils avaient pu faire en vue de ces représentations.

Le 5 février 1623, Louis de Vervins fonde au collège deux classes de philosophie et constitue aux Doctrinaires une somme de six mille livres qu'il promet de payer dans trois ans; « affin que du revenu d'icelles six mil livres ils puissent subvenir à la nourriture de deux doctes régents capables d'enseigner la philosophie, laquelle continuellement et à perpétuité ils fairoient lire et aprandre audit collège dans le temps de deux ans à la fin desquels le cours de la lecture de la philosophie cesse. » Au cas où les Doctrinaires supprimeraient le cours de philosophie, la somme de six mille livres appartiendrait au couvent des religieux de St-Dominique de Narbonne. Il devait y avoir dans la classe de philosophie un tableau rappelant la fondation à perpétuité faite par l'archevêque pour cette classe « avec exhortation aux écoliers de prier Dieu pour lui. » Les six mille livres furent placées sur une métairie dite de Badens, que les Pères Doctrinaires d'Avignon vendirent à ceux de Narbonne en mars 1623 (1).

Le 6 août 1644, un riche bourgeois de Narbonne, Jehan Rusquier, fonde chez les Doctrinaires une classe de théologie pour les prêtres, écoliers et autres personnes « quy se vouldront rendre savans d'icelle, » et affecte à la création de cette classe une somme de 9,000 livres (2).

Le 18 septembre 1665, les Doctrinaires demandent la suppression de la classe de sixième; ils allèguent qu'un

---

(1) *Inventaire des actes et documents de l'archevêché*, par A. Rocque, t. II, fol. 570 v° et suiv.

(2) Arch. comm. de Narbonne, Inventaire Carouge, f° 67.

seul régent ne peut suffire aux nombreux enfants qu'on y envoie et qu'ils peuvent d'ailleurs suivre les petites écoles établies dans la ville par les soins de Mgr l'archevêque. Ils demandent le remplacement de cette classe par un second cours de philosophie « qui commencera lorsque l'ancien cours sera à demi fait, et qui sera confié à un professeur, lequel étant prêtre sera pour le service de la ville un confesseur davantage, lequel dans ses sacrifices priera pour le général et pour le particulier d'icelle. » Cette demande est accueillie, et son examen confié aux consuls et à MM. Ducup, Berthellier, Vignes et Rathery. Le 15 octobre 1665, la classe de sixième « où les petits enfants apprenaient à lire » est supprimée, le second cours de philosophie établi, et la cinquième classe, la plus basse du collège, est divisée en trois cours « au dernier desquels seront les rudimentaires, au second ceux qui commenceront d'apprendre par cœur les auteurs, et au premier ceux qui commenceront à composer et à faire des thèmes » (1).

Nous relevons dans les archives communales plusieurs incidents qui rompent la monotonie de la vie calme du collège. En 1624, trois commis des gabelles « blessent à la mort » un élève et sont déférés au Parlement de Toulouse. En 1625, quelques écoliers attaquent et « excèdent » à coups de bâton le père régent de la classe de philosophie, et le conseil se rend en corps au collège pour instruire le « scandale » et au besoin faire arrêter les coupables. En 1626, lors de l'arrivée à Narbonne du duc de Montmorency, les Doctrinaires font jouer par leurs élèves en son honneur une « histoire » dans la salle de l'hôtel de ville, et M. de Montmorency assiste à la représentation (2). La peste de

(1) Arch. comm. de Narbonne, BB. 25, f°s 517 et 557.

(2) Les exercices dramatiques étaient en honneur chez les Doctrinaires. En 1704, les rhétoriciens du collège dédient à l'archevêque Le Goux de la

1628 et 1629 oblige les Doctrinaires à licencier leurs élèves, les trois collégiats eux-mêmes quittent l'établissement, et, quand le consul François Cailhé proteste contre ce départ et remontre au recteur « qu'il ne pouvoit ni debvoit les congedier, » celui-ci répond qu'ils sont partis « sans son sceu ni consantement » et qu'il « ne les peult reprandre à cause de la calamitté du temps » (1). Les cours sont donc suspendus, le collège occupé par les soldats de la morte paye, et, quand les réparations rendues nécessaires par cette occupation ont été effectuées par les soins des consuls,

---

Berchère une tragédie en vers latins, en cinq actes, ayant pour titre *Saint-Just et Saint-Pasteur ;* elle fut jouée par les élèves dont les noms suivent : Louis d'Exéa, Pierre Fabre, Simon Cogomblis, Cyprien Mengau, Jean-Jacques Lagarde, Gabriel Hérouard, Antoine Vassal, Jacques Bousigues, Pierre Besiers, Pierre Fournier, tous de Narbonne, et Joseph-Antoine Boussonnel, de Sigean. Des jeux allégoriques servaient d'entr'actes à la tragédie : on entendait les plaintes des villes qui avaient eu le malheur de perdre le prélat que Narbonne avait maintenant l'avantage de posséder; Narbonne manifestait la joie que lui causait la nomination de son nouveau primat ; les États-Généraux de la province de Languedoc apportaient leurs hommages à leur nouveau président, les génies du Clergé, de la Noblesse et du Tiers-État étaient introduits par la probité au temple de la Gloire « où ils faisaient hommage au mérite, c'est-à-dire à Monseigneur l'Archevêque ; » l'arrivée de l'archevêque était figurée par l'arrivée du printemps ; enfin les génies du Collège donnaient des marques de leur joie particulière. Les entr'actes étaient joués par Charles d'Assignan et Jean Vaissière (de Saint-Nazaire), Hyacinthe Maraval, Louis de Chalon, Jean-Jacques Lagarde, Pierre Prache, Jean Roubin, Etienne Mengau, Jean Macary, Pierre Fabre, Cyprien Mengau (de Narbonne), Joseph de Bunis (de Bize), Paul Berthomieu (de Raissac), Jean-Baptiste Maignion (de Perpignan), Jean Dejean (de Carcassonne). — P. S. JUST ET S. PASTEUR, *tragédie dédiée à Monseigneur l'illustrissime et révérendissime Charles Le Goux de la Berchère, archevêque et primat de Narbonne, président-né des Estats de la province de Languedoc, etc., par les écoliers de rhétorique du collège des Pères de la Doctrine chrétienne. A* NARBONNE, *chez Guillaume Besse, imprimeur du Roy, de Monseigneur l'archevesque et primat de Narbonne, et du collège, M DCC IV.* Cette brochure, de 16 pages, contient une lettre de dédicace, l'argument de la tragédie et des actes qui la composent, l'explication des jeux allégoriques des entr'actes, la distribution des rôles, et deux pièces de vers, dont un sonnet, à l'adresse de l'archevêque.

(1) Archives de Mᵉ Favatier, notaire, acte du 20 décembre 1628.

la réouverture des cours est fixée au premier jour du Carême de 1630 (1).

Diverses décisions des pouvoirs publics augmentent les revenus des Doctrinaires et assurent le fonctionnement de leur établissement.

En 1726, la rente au capital de 5,500 livres placée sur la ville de Narbonne au denier vingt pour l'entretien de deux professeurs de théologie était devenue insuffisante depuis la réduction au denier cinquante, ordonnée par arrêt du Conseil d'État du Roi du 24 août 1720, des rentes dues par les communautés. Le produit de cette rente qui ne montait qu'à 275 liv. sur le pied du denier vingt se trouvait diminué et ne pouvait plus suffire aux besoins auxquels il était destiné. Un arrêt du Conseil d'État du 7 mai 1726 permet à la ville et au diocèse de Narbonne d'imposer annuellement 275 liv. 9 sols 6 deniers, savoir la ville 137 liv. 14 sols 11 deniers, et le diocèse pareille somme.

En 1739, les Doctrinaires représentent à la ville et au diocèse qu'ils ne peuvent soutenir le collège avec le revenu qui leur a été accordé dans les premiers temps et qui par l'augmentation des dépenses est devenu trop modique. Le diocèse et la ville délibèrent les 30 juillet et 9 août 1739 de leur accorder une pension annuelle de cinq cents livres « pour les obliger à entretenir le collège », la dite pension payable moitié par la ville, moitié par le diocèse. Sur le rapport de M. de Montferrier, syndic général de la province, les États de Languedoc approuvent cette délibération le 25 janvier 1740 et leur décision est ratifiée par arrêt du Conseil du 10 mai suivant.

(1) Arch. comm. de Narbonne, BB. 12, f° 610; BB. 14, f° 3 v°; BB. 14, f° 67 v° et 68; BB. 14, f° 157; BB. 14, f° 428; 18, f° 120.

Le 13 janvier 1743, la ville accorde aux Doctrinaires un secours de 300 livres pour les aider à réparer « le malheur imprévu qui leur est arrivé par la chute d'un de leurs corps de logis, » qu'ils ne peuvent reconstruire à cause de l'insuffisance de leurs revenus (1).

Le 10 juillet 1746, il est expliqué au conseil de la ville que la communauté impose annuellement 2,250 livres, au lieu des 2,000 primitivement fixés, en leur faveur pour l'entretien du collège (2).

Le 22 août 1756, la ville accorde un secours de 3,000 livres pour réparer la maison du collège « si fort dégradée qu'elle menace une chute des plus prochaines. » Le 12 mars 1758, nouveau secours de 1,000 liv., aux mêmes fins. Dans l'assemblée de l'assiette du 18 avril 1758, le diocèse accorde pour le même objet 2,000 liv., et cette décision est approuvée par arrêt du Conseil d'État du 20 avril 1759 (3).

Le 2 mars 1766, le conseil décide de donner un secours de 600 livres aux Doctrinaires « qui ne peuvent subsister à cause de la cherté des vivres. »

Les besoins continuent, plus impérieux et plus pressants. En 1768, les Doctrinaires n'ont plus pour tout revenu, charges déduites, qu'une somme de deux mille soixante-deux livres neuf sols quatre deniers, qui « aujourd'hui, par la grande cherté des denrées et de toutes les autres choses nécessaires à la vie ne saurait fournir à la nourriture de 18 personnes, y compris les quatre collégiats et deux domestiques. » La ville accorde le 15 mai une subvention de 600 livres, et les commissaires ordinaires du diocèse, « craignant l'abandon d'un collège dans lequel les jeunes gens du diocèse ainsi que ceux de la ville reçoi-

---

(1) Arch. comm. de Narbonne, BB. 44, f° 98 v°.

(2) Ibid., BB. 45, f° 102.

(3) Ibid., BB. 46, f° 345; BB. 47, f° 93 v°; *Lois de Languedoc*, t. v, p. 702.

vent les premiers principes de la religion et des sciences et trouvent une éducation qu'ils seraient le plus souvent hors d'état d'aller chercher ailleurs, » délibèrent le 18 mai d'accorder annuellement aux Doctrinaires 800 livres, « jusqu'à ce que Mgr l'archevêque ait pu obtenir des bontés de S. M. quelque secours particulier ou la permission d'y réunir quelque bénéfice simple, dont les revenus seraient suffisants pour affranchir le diocèse de cette imposition. » Le 17 décembre 1768, les États de Languedoc donnent leur consentement à cette imposition annuelle de 800 livres, et leur décision est approuvée par arrêt du Conseil d'État du roi du 20 février 1769 (1).

Les diverses décisions que nous venons de rapporter prouvent l'intérêt que le collège des Doctrinaires inspirait aux pouvoirs publics en raison de ses services.

Parmi les professeurs remarquables qui exercèrent au collège de Narbonne, nous devons citer l'évêque de Nimes, Fléchier. Il avait pour oncle maternel un Père de la Doctrine chrétienne, assez célèbre en son temps, le Père Hercule Audifret. Il fit ou acheva ses études à Tarascon, dans le collège des prêtres de la Doctrine, et s'engagea même ensuite dans la congrégation, mais par des vœux simples. Il professa les humanités en différentes villes, et la rhétorique à Narbonne. Devenu prêtre, c'est à Narbonne qu'il prononça l'oraison funèbre de l'archevêque Claude de Rebé, mort en 1659 ; il n'avait mis que dix jours au plus à la préparer. Il partit pour Paris en cette même année, appelé par la maladie et la mort de son oncle ; quelque temps après, il quitta la congrégation ; il avait alors vingt-huit ans.

---

(1) Arch. comm. de Narbonne, BB. 49, f° 91 ; *Lois de Languedoc*, t. v, p. 709.

La ville de Narbonne a fourni à la congrégation des Doctrinaires un homme de mérite, le père François Bouilhade. Né à Narbonne en 1648, il se livra de bonne heure à l'enseignement et exerça dans les séminaires et dans la province d'Avignon. En 1711, il était supérieur général de la congrégation. Il mourut à Avignon en 1719 (1).

En 1758, le personnel du collège des Doctrinaires est composé de dix-neuf personnes, y compris les quatre collégiats, savoir : le recteur, deux préfets, deux professeurs de théologie, deux professeurs de philosophie, un professeur de rhétorique, et quatre régents, l'un de seconde, l'autre de troisième, l'autre de quatrième et un dernier de cinquième, un frère lai et deux domestiques.

Revenus du collège.

Il jouit pour sa dotation de	2.500 liv.
Dotation de la théologie	512
Service des prisons	200
Intérêts réduits : sur la province, 30 liv. ; diocèse, 60 liv. ; trésor royal, 23 liv.	113
Diverses fondations	250
Loyer d'une maison	200
Métairie de Badens	540
	4.315 liv.

Charges foncières.

Nourriture des quatre boursiers	800 liv.
Tailles	400
Intérêts d'emprunts	285

(1) *Gallia christiana*, t. VII, c. 975.

Taxe de la congrégation..................	150
Albergues ou censives....................	41
Entretien et réparation des bâtiments.....	200
Cire à l'usage de l'église.................	60
Pension à la sacristie Saint-Cosme.......	39
Voyage des professeurs..................	150
	2.125 liv. (1)

Quelle est à la Révolution la situation du collège des Doctrinaires ? Consultons à ce sujet les renseignements que le directoire du district de Narbonne fournit à M. Cahier, ministre de l'intérieur, en exécution des dispositions contenus dans sa lettre du 15 décembre 1791, adressée au directoire du département de l'Aude. Le personnel comprend un recteur, un préfet, deux professeurs de théologie, un de philosophie, tous les cinq prêtres, un de rhétorique, un des humanités, un de troisième, un de quatrième et un de cinquième ; ces cinq derniers sont toujours simples ecclésiastiques non prêtres.

Ces professeurs sont nourris, logés, éclairés, chauffés, blanchis, entretenus, tant en santé qu'en maladie, aux frais de la maison. Ils reçoivent, en outre, pour leur vestiaire une somme proportionnée au temps de service de chacun dans la congrégation, — pour un service de dix ans, cent livres, — de dix à vingt, cent vingt livres, — au-dessus de vingt ans, cent cinquante livres.

Les membres composant le personnel du collège, en 1791, sont les pères : Rey, recteur, âgé de 55 ans, ayant 38 ans de service ;

Nogaret, préfet, 45 ans, 21 ans de service ;

(1) Pouillé du diocèse de Narbonne, dressé par M. Caldaguez, chanoine de St-Just, syndic du clergé, pour servir au nouveau département ordonné par délibération de l'Assemblée générale du clergé du 29 octobre 1755.

Collet, professeur de théologie, 50 ans, 35 ans de service;

Aubaret, id., 41 ans, 26 ans de service;

Raoul, professeur de philosophie, 72 ans, 56 ans de service;

Tous ces prêtres ne sont pas assermentés. Ils sont hors de la maison, mais résident dans la ville depuis 1791, de sorte que l'enseignement dont ils sont chargés et qu'ils ont professé jusqu'alors se trouve interrompu par suite de leur refus de prêter serment à la constitution civile du clergé.

Viennent ensuite: MM. Buzairies, professeur de mathématiques, âgé de 28 ans, ayant 12 ans de service;

Laugier, professeur de rhétorique, 25 ans, 7 ans de service;

Andra, professeur des humanités, 25 ans, 7 ans de service;

Guignon, professeur de troisième, 21 ans, 4 ans de service;

Martin, professeur de quatrième, 20 ans, 4 ans de service.

Peyre, professeur de cinquième, 19 ans, 2 ans de service.

Ces six derniers, non prêtres, simples ecclésiastiques, dûment assermentés, occupent et gouvernent le collège, et en perçoivent tous les revenus, à l'exclusion des cinq premiers qui vivent de leurs ressources particulières.

Il y a dans le collège quatre bourses destinées à quatre enfants de la ville de Narbonne; elles sont à la disposition des officiers municipaux. Ces quatre enfants sont logés, nourris et éduqués aux frais de la maison. La ville fournit à leur vêtement par la voie de l'imposition. Ce sont les quatre collégiats fondés par Mathieu Peyronne.

L'instruction donnée au collège des Doctrinaires est gratuite.

Les bâtiments du collège sont construits en très grande partie sur le local occupé autrefois par l'ancien collège et sur une partie d'une place ou cours au pied du bastion

Saint-Cosme. Ils ont été élevés en partie aux frais et dépens de la congrégation; ils sont, en ce qui concerne les salles de classe et les logements des professeurs, dans un ordre régulier; mais ils n'ont point une solidité suffisante pour inspirer toute sécurité, tant sous le rapport des murs que des planchers et couverts; aussi la commune de Narbonne est-elle parvenue, à raison de cet état de choses, à acquérir de la nation les maisons et église des anciens religieux Bénédictins de cette ville, se proposant d'y transférer l'enseignement et de disposer à son profit des bâtiments du collège actuel (1).

Le collège jouit de quelques bâtiments voisins, qui faisaient partie de l'ancien collège, et en retire les loyers.

Ses revenus doivent se diviser en deux classes : revenus provenant de la dotation de l'établissement, et revenus propres à la congrégation.

Revenus provenant de la dotation

Sur la nation en représentation d'une prébende canonicale de l'ancien chapitre de la cathédrale de Narbonne, ainsi fixé et accordé par le directoire du département..............	3,080l 11s 8d
Sur la commune de Narbonne, par imposition annuelle..	1,850l
Sur l'ancien diocèse de Narbonne, savoir : 1° à cause de l'instruction de la jeunesse et des	

(1) Par délibération des 13 et 17 février 1791, le conseil général de la commune adopte à l'unanimité le projet de l'acquisition du couvent des Bénédictins pour y établir l'enseignement public, afin que ce dernier ne soit pas interrompu. Le 3 mars 1791, autorisation est donnée par le conseil au procureur général de la commune de se pourvoir devant l'Assemblée Nationale pour obtenir la permission de faire l'acquisition du couvent des Bénédictins. Le 28 avril 1791, MM. Robert et Razimbaud, commissaires à ce désignés, l'achètent à l'adjudication, au nom de la ville, et pour le prix de 15,000 livres.

messes que les membres de la congrégation donnaient aux prisonniers les dimanches et jours de fête, ci................	600l	1,537l 14s 11d
2° En remplacement de la moitié de la somme de 275l établie sur la ville de Narbonne pour l'entretien de 2 professeurs de théologie et réduite à la moitié, ci........	137l 14s 11d	
3° Par arrêt du conseil du 20 février 1769, et ce jusqu'à ce que le collège ait obtenu un nouveau secours équivalent ou l'union de quelque bénéfice ecclésiastique, ci	800l	
Sur les maisons dépendantes de l'ancien collège et sur les loyers des magasins pratiqués dans le bas de partie du logement actuel.............		194l
Un capital d'environ 6,000l sur les bâtiments du logement actuel comme élevés en partie sur le local de l'ancien collège, dont le revenu est nul et non effectif, ci.........................		mémoire
Revenu total de l'établissement.............		6,662l 6s 7d

Charges

Entretien des quatre collégiats pourvus des quatre bourses... .	1,000l	1,200l
Entretien du bâtiment........	100	
Contribution foncière des maisons affermées et des bâtiments du collège, environ.............	100	
Revenu net du dit établissement...........		5,462l 6s 7d

Revenus particuliers à la congrégation

Produits d'une métairie affermée........... 2,400l

(Nota. — On croit que cette métairie a été donnée par un particulier à la congrégation pour l'entretien de deux professeurs de théologie).

Intérêts sur la ville de Narbonne............	374l 16s 1d
Intérêts sur l'ancien diocèse de Narbonne....	60 » »
Intérêts sur l'ancienne province de Languedoc	30 » »
Intérêts sur l'État du roi....................	23 » »
Rentes foncières sur des particuliers pour fondations...	170 » »
Loyer d'une maison située dans le centre de la ville.....................................	180 » »
	3,237l 16s 1d

Charges

Imposition foncière de la métairie et maison, environ..........	650l	433l
Intérêts à M. de Villeneuve....	150	
Intérêts à M. d'Augier........	75	
Intérêts à la maison mère d'Avignon	60	
Intérêts à M. Causse et à la nation, cette dernière aux droits des religieux Minimes..........	48	
Revenu total de la congrégation............		2,804l 16s 1d

Le collège n'avait aucune rente assignée sur la gabelle, les octrois, les tailles, etc , ni autres impôts supprimés. Mais comme en 1791 il s'est trouvé dépourvu de prêtres qui aient pu faire le service de la chapelle des prisons, et que le district de Narbonne ne comprend qu'une partie de son ancien diocèse, il ne lui a été payé pour la dite année aucun acompte des rentes qu'il avait sur le dit diocèse, de sorte que les rentes lui restent dues dans le moment.

Récapitulation

Revenus de la dotation de l'établissement du collège, sans distraction de l'entretien des quatre collégiats..................................	6,462l 6s 7d
Revenus en fonds d'héritage et rentes propres à la congrégation...........	2,804l 16s 1d
Revenu total de l'établissement et de la congrégation..	9,267l 2s 8d

La maison du collège fut vendue comme bien national et adjugée le 3 thermidor an x pour le prix de 150 livres au sieur Antoine Fabre, demeurant à Ornaisons. Les dépendances de l'établissement des Doctrinaires devinrent plus tard la propriété des sieurs Gabriel Babeau, Antoine Dauphin, Jean Mouret, Charles Fourcade et Jacques Delmas.

V

Les religieuses de Notre-Dame, venant de la maison mère de Béziers, furent reçues dans la ville de Narbonne sous l'archiépiscopat de Claude de Rebé. Une délibération du conseil de la ville, en date du 27 janvier 1641, permet leur établissement sous la condition d'apporter 100 livres de rente pour l'entretien de chacune d'elles, « et d'eslever et aprandre la vertu aux filhes dudit Narbonne, soit pauvres que riches, sans rien payer ; d'achepter la maizon de leur demure et en payer a l'advenir touttes tailhes, soit de laditte maizon que cloistre » (1).

L'établissement fut fondé par la mère Judith de Cristol, qui avait fait approuver son dessein par l'évêque de Béziers, Clément de Bonzy, et fait auprès de l'archevêque de Narbonne, Claude de Rebé, et du conseil de la ville les démarches nécessaires pour obtenir l'autorisation. Quand cette autorisation eut été accordée, le vicaire général Jacques Duchesne, prêtre de l'Oratoire, fut député à Béziers pour prendre la supérieure et les religieuses qui devaient l'accompagner. Judith de Cristol se mit en route le 4 mai 1641, avec Éléonore de Sérignan, Gabrielle de

(1) Arch. comm. de Narbonne, BB. 20, f° 149.

Sérignan, sa sœur, Louise d'Assié, Yolande de Ranchin, Claire de Reboul, Isabeau de Canet et Marie Bonard, sœur compagne. « L'archevêque les reçut à leur arrivée avec de grandes démonstrations de joye et d'estime pour leur vertu et pour leur institut, dont il esperoit des fruits considérables, et il les fit ensuite conduire dans la maison qu'on leur avoit préparée, spacieuse, commodément située dans un des plus beaux endroits de la ville » (1).

Cette maison était située dans l'île Langel, quartier de Saint-Just. Un compoix de 1696 leur donne « une maison, jardin et pattu isle Langel acquize de noble Jean de Seignuret seigneur et baron de Fabrezan à laquelle a esté joinct un estable pallier et pattu qui estoit dudit sieur de Fabrezan comme aussy autre maison pattu et palhier acquis des heoirs de Mr de Cabrayrolles confronte tout de cers a rue, marin monsieur de Serignan, rue, André Bisses, Estienne Cathala et heoirs Abel Estive; midy sr Guilhaume Peredoux, sr Guilhaume Merel et Jean Mastruc; acquillon sr André Serre, ledit Cathalla et rue pour ne servir qu'à leur uzaige » (2).

Le couvent des religieuses de Notre-Dame était très vaste, ayant un bel escalier à paliers, des salles aux planchers élevés et des croisées de grandes dimensions. Au nord du couvent se trouvait la chapelle, dont la porte d'entrée était dans la rue Droite. C'était une porte carrée à panneaux en boiserie du XVIIe siècle, avec montants en boudin, surmontée d'une croisée; les montants étaient ornés à leur extrémité d'une pomme de pin en poterie

---

(1) *Histoire de l'ordre des religieuses filles de Notre-Dame*, par Charlotte-Elisabeth de la Mark, mère première et supérieure des religieuses filles de Notre-Dame de Poitiers, t. II, liv. 22, p. 47. A Poitiers, chez la veuve de Jean-Baptiste Braud, 1700.

(2) Biblioth. publique de Narbonne. — V. aussi un compoix de 1646. Sur ce dernier les religieuses de Notre-Dame sont portées comme payant l'impôt; en 1696, elles ne figurent pas comme imposées.

verte recouverte d'un vernis. Cette porte a disparu, il y a peu de temps, pour faire place à une construction neuve.

La mère Judith de Cristol fit preuve d'une diligence extrême pour l'organisation de l'établissement qu'elle venait de fonder, et la première cérémonie eut lieu le 2 juillet 1641, jour de la fête de la Visitation. Ce jour-là, une demoiselle de qualité, Isabeau d'Assignan, prit le voile, après une prédication du père Zabellis, recteur du collège des Pères de la Doctrine chrétienne. Le lendemain, les classes furent ouvertes pour l'instruction, et en peu de temps la nouvelle communauté vit affluer écolières, pensionnaires et religieuses.

Judith de Cristol pensa alors à regagner sa maison de Béziers. L'archevêque, qu'elle avait prié de désigner sa remplaçante, nomma de sa propre autorité Louise d'Assié supérieure, et celle-ci fut reconnue avec satisfaction par toutes ses compagnes.

L'archevêque favorisa de sa protection et de ses libéralités les religieuses de Notre-Dame. Il leur donna d'abord cent cinquante livres pour terminer quelques affaires de la fondation. Il leur fit un magnifique présent aux quatre fêtes annuelles, comme il faisait pour tous les autres couvents de la ville. Ayant appris qu'elles ne pouvaient, faute de ressources, acheter une basse cour attenant à leur maison et qu'il fallait acquérir pour empêcher qu'elle fût prise par un voisin incommode, il leur donna une somme de cinq cents livres. Il paya enfin pour elles une indemnité importante aux chanoines de l'église abbatiale de Saint-Paul.

Parmi les bienfaiteurs des religieuses de Notre-Dame il convient de citer Raulin de Reboul, seigneur de Marmorières, et Guillaume de Lort, seigneur de Sérignan, qui contribuèrent beaucoup de leurs biens, de leur crédit et de leurs conseils à la prospérité de l'établissement

Nous avons peu de détails biographiques à fournir sur

les fondatrices de la maison de Narbonne. Nous savons toutefois qu'Isabeau de Canet était née à Béziers, qu'elle fut huguenote jusqu'au moment de son veuvage, et qu'elle fut convertie à la religion catholique par le P. Jean Jacquinot, de la Compagnie de Jésus. Elle abjura le protestantisme le dimanche des Rameaux dans la cathédrale de St-Nazaire à Béziers, fut reçue dans l'ordre des religieuses de Notre-Dame par Judith de Cristol, en décembre 1634, à l'âge de cinquante-trois ans, et mourut après sept ans et quelques mois passés en religion. Elle fut remplacée à Narbonne le 16 août 1641 par Marguerite de Sipière, de la maison de Béziers.

Yolande de Ranchin, qui mourut trois ans après Isabeau de Canet, était fille d'un conseiller de la Cour des aides de Montpellier, Antoine de Ranchin, et de Marguerite de Trinquière de la Greffe, calviniste. Elle entra avec sa sœur parmi les pensionnaires de la maison de Notre-Dame de Béziers; arrivée à Narbonne, elle devint maîtresse des novices, et mourut le 24 juillet 1644.

La maison de Notre-Dame de Narbonne comptait parmi ses religieuses un grand nombre de personnes de qualité et de haute naissance. On en pourra juger par la liste que nous donnons de celles qui prononcèrent leurs vœux à Narbonne même, depuis la fondation de l'établissement jusqu'au moment de la Révolution (1).

Isabeau d'Assignan, de St-Nazaire (noble Etienne de Brettes, sieur d'Assignan, et Françoise de Pogie, — 2 juillet 1643, — 16 ans).

---

(1) Nous avons relevé ces noms sur le livre des professions qui est encore aujourd'hui conservé au couvent Notre-Dame de Narbonne et qui, précieusement gardé par la sœur Audibert, supérieure en 1791, fut remis par cette dernière à ses compagnes lors de la réouverture de la maison en 1823. Celles-ci ont continué à inscrire leurs professions sur le même livre et ont ainsi renoué la chaîne interrompue. Nous faisons suivre le nom des religieuses de celui de leurs père et mère, du jour où elles ont prononcé leurs vœux, et de leur âge à cette époque.

Hyacinthe de la Croix, de Narbonne (Sanson de la Croix et Isabeau de Joncel, — 28 nov. 1643, — 16 ans).

Marie de Fabrezan, de Narbonne (noble Jean de Seigneuret, seigneur et baron de Fabrezan, et Louise de Mayreville, — 8 décembre 1643, — 16 ans 12 jours). Elle mourut le 31 août 1697.

Catherine Dangles, de Narbonne (César Dangles, bourgeois, et Jeanne de Rouch, — 2 juillet 1644, — 16 ans 10 mois).

Marie de Taralhan, de Narbonne (noble Jean de Lort, sieur de Taralhan, conseiller du roy, et Anne de Garrigues, — 21 mai 1645, — 16 ans 6 mois).

Constance de Cavoy, de Sérignan (noble François d'Augé de Cavoy, grand prévôt de Guyenne et capitaine des gardes du cardinal duc de Richelieu, et dame Marie de Sérignan, — 9 juillet 1645, — 16 ans 10 jours).

Marie Rodière, de Narbonne (Antoine Rodière, maître en l'art de peinture, et Marguerite Canavesy, — 28 oct. 1645, — 21 ans 3 mois). Elle mourut en 1690.

Catherine Pech, de Corneillan (François Pech et Catherine Rouch, — 21 nov. 1646, — 39 ans). Reçue compagne pour servir la maison.

Toinette de Fabrezan, de Fabrezan (noble Jean de Seigneuret, sieur et baron de Fabrezan, et Louise de Mayreville, — 2 juin 1647, — 17 ans 5 mois).

Françoise de Rouch, de Narbonne (Marc Antoine de Rouch, viguier de Narbonne, et Guyonne d'Assignan). Elle prend le voile le 2 juillet 1644 à l'âge de 14 ans 8 jours et décède le 6 juillet 1645, dans la seconde année de son noviciat.

Marie Larmel, de Murviel (François Larmel et Françoise Pepi, — 21 décembre 1647, — 28 ans). Reçue compagne pour servir la maison.

Marie de Bunis, de Narbonne (noble François de Bunis, sieur de Bisan, et Madeleine de Dumas, — 12 janvier 1649, — 22 ans 4 mois).

Gabrielle de Martrin, de Narbonne (noble Marquis de Martrin et Anne Paule Daxea, — 8 janvier 1651, — 17 ans 6 mois).

Françoise de Bunis, de Bisan (noble François de Bunis et Madeleine de Dumas, — 12 février 1651, — 17 ans 22 jours).

Marie Ombret, de Narbonne (Pierre Ombret, bourgeois, et Jeanne Amiel, — 17 avril 1651, — 16 ans 12 jours).

Marianne de Gibron, de Narbonne (noble Jean de Gibron,

viguier de Narbonne, et Marie de Montholiès, — 18 oct. 1651, — 17 ans 2 mois).

Catherine de Dafis, de Coursan (noble Pierre de Dafis et Françoise de Planque, — 17 mars 1653, — 19 ans 6 mois).

Jacquette de Martrin, de Narbonne (noble Marquis de Martrin et Anne Paule Daxea, — 19 mars 1653, — 17 ans 2 mois).

Marie Gaubert, de Narbonne (Jean Gaubert, secrétaire de la maison de ville, et demoiselle Marquise Senty, — 29 juin 1653, — 16 ans 9 mois 9 jours).

Théodore de Rouhard, de Narbonne (noble Pierre de Rouhard, sieur de Fontarèche, et Jeanne de Chambert, — 18 février 1654, — 17 ans 7 mois).

Virginie Daban, de Moux (noble François Daban, sieur et baron de Moux, et Paule de Saint-Martin, — 28 déc. 1654, — 18 ans).

Jeanne de Rouch, de Ginestas (noble Marc Antoine de Rouch et Guyonne d'Assignan, — 12 sept. 1655, — 16 ans).

Marguerite de Rouch, de Ginestas, sœur de la précédente (12 sept. 1655, — 17 ans 6 mois).

Françoise de Rouhard, de Narbonne (noble Pierre de Rouhard et Jeanne de Chambert, — 1er mai 1656, — 17 ans).

Jean Jeanne de Chambert, de Bizanet (Anne de Chambert, seigneur de Bizanet, et Marie de Trégoin, — 1er mai 1656, — 16 ans).

Anne du Lac, de Boutenac (noble Melchior du Lac et Marthe de Lenoir, — 1er mai 1656, — 17 ans).

Jeanne Thérèse de Cogomblis, de Narbonne (Arnaud de Cogomblis, docteur et avocat, et Bernarde d'Alibert, — 1er mai 1657, — 28 ans).

Françoise du Lac, de Narbonne (noble Melchior du Lac et Marthe de Lenoir, 3 juin 1659, — 19 ans).

Simonde de Seigné, de Narbonne (Antoine de Seigné, marchand, et demoiselle de Boudy, — 3 juillet 1661, — 23 ans).

Jacquette de Pierre, de Béziers (Claude de Pierre, contrôleur des greniers à sel de Narbonne, et Jacquette Denry. — 6 nov. 1662, — 21 ans).

Paule de Reboul, de Narbonne (noble Raulin de Reboul, seigneur de Marmorières, et Marie de Rouch, — 30 sept. 1663, — 27 ans).

Marie Anne de Chambert, de Bizanet (Anne de Chambert et Marie de Trégoin, — 13 nov. 1667, — 16 ans).

Jeanne Durantet, de Narbonne (Jean Durantet, bourgeois, et Marguerite Lennuy, — 7 mai 1669, — 19 ans).

Marguerite de Commenge, de Narbonne (noble Paul de Commenge et Marie de Malart, — 8 oct. 1669, — 30 ans). Elle mourut en 1697.

Marquise Froument, de Sérignan (François Froument et Catherine Gauberte, — 6 juin 1665, — 29 ans). Reçue compagne pour servir la maison.

Dauphine Carretié, de Murviel (Barthélemy Carretié et Françoise Guibert, — 29 oct. 1666, — 21 ans). Reçue compagne pour servir la maison.

Marie Périé, de Cuxac (Jean Périé et Anne Daudère, — 2 mars 1670, — 27 ans). Reçue compagne pour servir la maison.

Françoise de Padern, de Padern (noble Hercule de Padern et Eleonor de Bunis, — 12 janvier 1673, — 19 ans).

Jeanne de Padern, sœur de la préc. (12 janvier 1673, — 18 ans).

Dorothée de Luc, de Narbonne (noble Pierre François de Thézan et Dorothée de Bizanet, — 6 février 1673, — 16 ans 3 mois).

Marguerite Fabre, de Narbonne (Guillaume Fabre, receveur et Marguerite Rathery, — 6 nov. 1674, — 16 ans).

Eléonor de Montrabech, de Narbonne (noble Blaise de Montredon, seigneur de Montrabech, et Marguerite de Chambert, — 15 mai 1681, — 40 ans).

Marie Benezech, de Félines (Étienne Benezech et Jeanne Jalaberte, — 4 février 1685, — 25 ans). Reçue compagne pour servir la maison.

Marguerite de Montredon, de Narbonne (noble Joseph Marc de Montredon et Anne Dauceresses. — 1er juin 1696, — 31 ans 9 mois).

Marie Catherine de Montredon, de Narbonne, sœur de la précédente (4 juin 1696, — 19 ans et 2 mois).

Jeanne Batheon, de Lyon (Jean Baptiste Batheon, bourgeois, et Barbe Decosu, — 8 juillet 1698, — 33 ans 8 mois).

Antoinette Darce, de Narbonne (Guillaume Darce, seign. ur et baron de Cascastel, et Anne de Durban. — 2 déc. 1699, — 22 ans 8 mois).

Françoise Thérèse de Moujan, de Narbonne (Gabriel de Sorgues, seigneur de Moujan et autres places, et Élisabeth de Charmois, 13 juillet 1700, — 16 ans 3 mois).

Françoise Fabre, de Narbonne (Guillaume Fabre, juge de cette ville, et Françoise Fabre, — 20 juillet 1700, — 17 ans 5 mois 15 jours).

Françoise Gleises, de Narbonne (Paul Gleises, bourgeois, et Marie Léonard, — 8 sept. 1700, — 16 ans 6 mois).

Dorothée Léonard, de Narbonne (Charles Léonard, conseiller du roi, visiteur général des gabelles, et Anne de Durantet, — 21 mars 1703, — 17 ans).

Marie Rose de Dernacueillette, de Rieux (Jean de Bosc, seigneur de Dernacueillette, et Marguerite de Bizanet, — 3 janvier 1707, — 26 ans).

Marie Barbaza, de Trèbes (Pierre Barbaza, maire perpétuel de Trèbes, et Marie Perdigou, — 9 janvier 1707, — 17 ans 4 mois 9 jours).

Marguerite Du Vernis, de Foix (Jean Du Vernis, marchand à Foix, et Françoise, de Serou,— 23 ans 6 mois). Prise de voile le 1er mai 1703 (1).

Catherine Medus, de Belcaire (Antoine Medus et Jeanne Ferrier, — 19 ans). Prise de voile 1er mars 1706.

Marianne Perdigaud, de Belcaire (Jacques Perdigaud, maître apothicaire à Belcaire, et Françoise Presbaud, — 24 ans). Prise de voile le 27 nov. 1707.

Catherine Donnadieu, de Narbonne (Barthélemy Donnadieu, marchand négociant, et Marie Boyer, — 14 janv. 1710, — 20 ans).

Marie de Padern de Vic, de Padern (Blaise de Padern de Vic, seigneur et baron de Laval, et Marguerite de Ponserme, — 16 mars 1710, — 22 ans).

Thérèse Caussat (Joseph Caussat, seigneur de Saint-Jean, et Jeanne Ysabeau de Catelan, — 27 ans).

Marie Simon (Antoine Simon et Jeanne Barrière, — 20 ans). Ne signe pas son acte de profession, ne sachant pas écrire.

Françoise de Thézan (Hercule de Thézan, seigneur de Luc, et Louise de Cesseras, — 16 ans).

Marguerite Fabre (Jean Fabre, bourgeois de Narbonne, et Anne Martin, — 22 ans).

Marie Hyacinthe de Bénévent de Salles (Jean Gabriel de Bénévent de Salles et Anne de Sauret, — 17 ans).

Marie Dorothée Fabre (Guillaume Fabre, juge à Narbonne, et Isabeau de Caunes, — 16 mai 1714, — 25 ans 8 mois).

---

(1) La date de la prise de voile est seule indiquée, et non celle de la profession.

Claire Paule Fabre, sœur de la préc. (16 mai 1714, — 21 ans 7 mois).

Marie Thérèse de Thézan (Hercule de Thézan, seigneur de Luc, et Louise de Gesseras, — 16 ans 10 mois).

Cécile Theule (Marc Theule, receveur, et Cécile de Tapier, — 16 ans).

Marie Thérèse de Rouch (François de Rouch et Anne de Bor, — 16 ans 7 mois).

Élisabeth de Lastours (François Dauderic, seigneur de Lastours, et Marie Théodore de Sorgues de Moujan, — 9 avril 1718, — 17 ans 8 mois).

Madeleine Theule (Marc Theule, receveur, et Cécile de Tapier, — 22 janv. 1721, — 16 ans 3 mois).

Gabrielle de Seguier (noble Pons Seguier de Lacoste et Marianne de Durantet, — 1722, — 20 ans).

Cécile Buscailhon (Bernard Buscailhon et Françoise Tournal, — 22 février 1722, — 21 ans).

Anne Thérèse Guichard (Pierre Guichard, bourgeois, et Jeanne Delphine......, — 7 juin 1722, — 18 ans).

Marianne Pantas (Jean Pantas et Anne Gerval, — 14 juin 1722, — 17 ans 4 mois).

Jeanne Falc de Régis (Falc, de Lézignan, et Catherine Béreille, de la famille de St-Régis, — 19 mars 1724, — 16 ans 2 mois).

Marguerite de Sallèles (noble Guillaume de Massiac, seigneur de Sallèles, conseiller au conseil souverain du Roussillon, et Éléonor d'Audibert, — 4 juin 1724, — 22 ans).

Jeanne Andrieu, de Trèbes (Hyacinthe Andrieu, marchand drapier, et Catherine Baron, — 25 janv. 1725, — 20 ans).

Françoise de Bénévent (noble Jean Gabriel de Bénévent de Salles et Anne de Sauret, — 19 avril 1725, — 17 ans 6 mois).

Marie Ignace Victoire de Durban (noble Gaspard de Gléon, seigneur de Durban, et Marie Thérèse de Ros, — 10 déc. 1725, — 17 ans 3 mois).

Christine Nisière, de Barcelone (Jacques Nisière, marchand en gros, et Claudine Péronnier.

Françoise Rané, de Lyon (Pierre Rané et Antoinette Boustent, — 24 mars 1726, — 44 ans 6 mois).

Jeanne Devilla (François Devilla, avocat ancien ès cours de Narbonne, et Marie Daudé, — 6 mai 1726, — 17 ans 2 mois).

Thérèse de Donos (Henry de Martrin, seigneur de Donos, et Marguerite de Barres. — 16 février 1730, — 18 ans 3 mois).

Josèphe de Durban (noble Gaspard de Gléon, seigneur de Durban, et Marie Thérèse de Ros, — 11 mai 1730, — 20 ans).

Jeanne de Durban, sœur de la préc. (11 mai 1730, — 18 ans 6 mois).

Marguerite de Villeurbanne (François de Villeurbanne et Françoise de Maraval. — 15 août 1730, — 22 ans).

Jeanne Manric (Bernard Manric, serrurier, et Thérèse Champagne, — 25 mars 1732, — 23 ans). Reçue en qualité de sœur converse.

Élisabeth Eustache (Alexandre Eustache, charron, et Élisabeth Hortes, — 15 oct. 1736, — 25 ans). Reçue en qualité de sœur converse.

Louise Tardieu (Martin Tardieu, marchand négociant de Narbonne, et Jeanne Dauphin, — 2 février 1738, — 25 ans).

Marguerite Cosmes (Mathieu Cosmes, marchand de Pézenas, et Marie Gilles, — 25 mars 1738, — 26 ans).

Élisabeth Boussonnel (Antoine Boussonnel, bourgeois de Montpellier, et Catherine Léonard, — 24 juin 1739, — 33 ans).

Louise de Massia (Messire Guillaume de Massia, major de Briançon, et Marie de Montigni, — 13 oct. 1739, — 23 ans).

Louise de Solas (Messire Louis de Solas, chevalier d'honneur aux trésoriers de France, et Jeanne de Brun, — 8 mai 1743, — 24 ans).

Jeanne de Montagnac (noble Jacques de Montagnac, écuyer, et Marie Martrin de Donos, — 2 juillet 1743, — 24 ans 9 mois).

Françoise Baliste (Hyacinthe Baliste, avocat doyen ès cours de Narbonne, et Catherine Devilla, — 15 oct. 1743, — 23 ans 6 mois).

Noelle Monier (Amans Monier, bourgeois, et Élisabeth Prache, — 6 avril 1744, — 17 ans 3 mois).

Marie Rose Tabarier (Antoine Tabarier, marchand de Perpignan, et Marie Labarthe, — 13 mars 1746, — 16 ans 4 mois).

Claire de Cazalèdes (noble Marc de Cazalèdes, chevalier de l'ordre de St-Louis, commandeur du château de Venasque en Aragon, et Marie Robert, — 23 oct. 1746, — 27 ans 7 mois).

Marie Paule Pradines de Saint Xavier, de Madrid (23 mai 1747, — 24 ans).

Marguerite de Niquet (Antoine Joseph Hyacinthe de Niquet de Sérame, président à mortier au parlement de Toulouse, et Marguerite de Tifaut, — 6 mars 1748, — 22 ans 9 mois).

Magdelaine Muret (M. Muret et dame Deidé, de Montpellier, — 13 oct. 1750, — 24 ans 6 mois).

Marie Charlotte de Sorgues (Gabriel de Sorgues, chevalier de St-Louis, et Élisabeth de Peredon, — 30 nov. 1751, — 22 ans).

Françoise Marie Louise de Montagnac (noble Jacques de Montagnac, écuyer, et dame Marie Martrin de Donos, — 14 mars 1751, — 23 ans 6 mois).

Marie Chopy (Joseph Chopy et Marie Theule, — 23 sept. 1751, — 22 ans).

Élisabeth Bon de Villevert (André Bon de Villevert et Lucrèce de Guilleminet, — 11 janvier 1752, — 35 ans).

Marie Babot (Étienne Babot, marchand de Pézenas, et Marie Tarniquel), — 2 février 1752, — 30 ans).

Cécile Gély (Bertrand Gély et Cécile Rougeire, — 15 sept. 1752, 40 ans). Ne sait écrire. Religieuse converse.

Marie Anne Baile, de Roquetaillade (Pierre Baile et Marie Jamme, — 25 mai 1755, — 32 ans). Ne sait écrire. Religieuse converse.

Marguerite Chopy (Joseph Chopy, avocat, et Marie Theule, — 30 août 1755, — 25 ans).

Marie Chabau, de Nimes (Robert Chabau, tailleur de la ville d'Uzès, et Jeanne Bertine, — 22 nov. 1756, — 27 ans). Ne sait écrire.

Marie Angélique Aygalen (Antoine Aygalen, marchand de Nimes, et Catherine Boissel, — 5 juin 1757, — 27 ans 5 mois).

Marie Thérèse de Donos (Antoine de Martrin, seigneur de Donos, et Marie de Soublairas, — 21 sept. 1758, — 26 ans 9 mois).

Marie Françoise Mazars, de Grenoble (Joseph Mazars, conseiller correcteur de Montpellier à la Cour des aides, et Marie Françoise Bellaud, — 17 avril 1759, — 21 ans 4 mois).

Marie Thérèse Nevia, de Narbonne (Joseph Nevia et Cécile Pascal, — 15 mai 1760, — 26 ans).

Magdeleine Olive, de Bizanet (Pierre Olive et Cécile Canapète, — 10 mai 1761, — 28 ans).

Marie Rose Audibert, d'Agde (Pierre Audibert et Rose Rigaud, 18 nov. 1760, — 25 ans).

Suzanne Sanche (noble André Sanche, écuyer, et Marianne Daubusson, de Carcassonne, — 27 août 1761, — 26 ans).

Catherine Thérèse Viennet, de Toulouse (Claude Antoine Viennet et Cécile Goffre, — 21 sept. 1761, — 27 ans).

Claire Dupac (noble Gabriel Baptiste Dupac, seigneur de Badens, major du régiment de Normandie, chevalier de l'Ordre royal et militaire de St-Louis et de St-Lazare, et noble Catherine Daldin de Belvèze, — 8 sept. 1763, — 24 ans).

Marianne Sibille (Jean Henri Sibille et Louise Turriès, — 27 nov. 1764, — 29 ans).

Marie Thérèse Sicard (Étienne Sicard, conseiller à la Cour des aides de Montpellier, et Claire Joullian, — 15 oct. 1765, — 20 ans).

Anne de Latreille de Fosiènes (noble Jean François de Latreille de Fosiènes, seigneur de Fosiènes, de Boutenac et autres places, et Thérèse de Gléon de Durban, — 15 déc. 1766, — 24 ans 4 mois).

Claire Cécile Audounet, de Narbonne (Jean Audounet, cordonnier, et Marguerite Vidal, — 14 sept. 1769, — 29 ans 7 mois). Ne sait écrire. Reçue en qualité de sœur compagne.

Marie Claire Delas, de Béziers (Paul Delas, substitut du greffier au sénéchal et présidial de Béziers, et Anne Millie, — 30 nov. 1773, — 26 ans).

Marie Magdeleine de Gros d'Homps (noble Gabriel Gaspard de Gros, seigneur d'Homps, et Marie Magdeleine de Solas, — 2 février 1775, — 27 ans),

Françoise Privat, de Bermon, diocèse de Lodève (Jacques Privat et Marie Cabanes, — 2 juillet 1778, — 31 ans). Ne sait écrire. Reçue en qualité de sœur compagne.

Marie Antoinette Lapeyre (Pierre Lapeyre et Marie Lapeyre, de Béziers, — 18 mai 1780, — 27 mars). Ne sait écrire. Reçue en qualité de sœur compagne.

Claire Fabre, de Murviel (Joseph Fabre et Claire Aliane, — 26 juillet 1784, — 26 ans).

Marianne Bassedas, de Narbonne (3 mai 1786, — 19 ans).

Les supérieures du couvent de Notre-Dame depuis sa fondation jusqu'à la Révolution furent :

Louise d'Assié, qui exerça ses fonctions de 1641 à 1655, époque où elle fut rappelée à Béziers pour exercer les fonctions de supérieure du couvent de cette ville ;

Claude Marie de Rives, qui vint en 1655 de Béziers pour succéder à la mère d'Assié et qui y retourna ;

Anne de Raymond (1669) (1);

Marie Anne de Gibron (1672-1676), décédée le 28 avril 1702;

Marie Rodière (1676-1681), décédée le 18 février 1689;

Isabeau d'Assignan, première novice de la maison en 1641 et décédée le 4 mai 1724 à l'âge de 97 ans; fit plusieurs triennats de supériorat, mais à des époques indécises;

Françoise de Bunis (1681), décédée le 20 février 1702;

Marie d'Ombret (1701);

Gabrielle de Ponsut;

Magdeleine de Valori;

Marianne de Chambert de St-Amans (1716);

Jacquette de Villeneuve (1718-1721);

Thérèse de Moujan (1721-1737);

Marguerite Fabre (1737-1746), décédée en 1761;

Thérèse de Moujan (1746-1759);

Marianne Pantas (1761-1770);

Françoise de Montagnac, supérieure de 1770 au 25 avril 1771, époque de sa mort;

Marianne Pantas, de 1771 à 1789, époque de son décès;

Marie Rose Audibert, de 1789 à 1791, année de la dispersion de la communauté.

Une enquête faite en 1787 par ordre de l'intendant du Languedoc établit que la congrégation comprenait alors 14 professes, 7 religieuses de chœur et 2 servantes. Leurs revenus étaient les suivants:

Produits des biens fonds...................... 2,030 liv.

Rentes en contrats, soit sur la province, le dio-

(1) Cette date et celles qui suivent nous sont fournies par des actes que nous trouvons signés par les mères supérieures; elles n'indiquent pas, au moins pour la plupart, l'époque de leur élection au supériorat.

cèse, la Cour des aides et le chapitre de St-Pons	4,000 liv.
Produit des pensions de jeunes demoiselles, année commune	7,000 —
TOTAL	13,030 liv.

Dépenses

Tailles	500 liv.
Décimes	56 —
Au chapitre de St-Just, pour différentes charges	54 —
Au domaine	12 —
Pour l'aumônier et le clerc	240 —
Au médecin	50 —
Pour les gages des deux servantes	70 —
Pour nourrir, éclairer et chauffer les pensionnaires et pour celles de la communauté	9,000 —
Entretien des meubles et effets, bâtiments	1,500 —
Pour la sacristie	300 —
Médicaments	150 —
	11,932 liv.
EXCÉDENT DE RECETTE	1,098 liv. (1).

L'enquête dit que les religieuses qui composent la maison sont très-utiles à l'éducation des jeunes demoiselles; qu'elles leur donnent les meilleurs principes de religion, le goût du travail, et leur apprennent toutes sortes d'ouvrages, de sorte que quand ces élèves sont rendus à leurs familles « elles en font le bonheur comme celui de la société. » Elle rend hommage à la bonne administration de la maison, et à la supérieure « remplie de mérite » qui la gouverne.

(1) D'après le Pouillé du diocèse de Narbonne dressé par M. Caldaguez, en 1758 les revenus des sœurs de Ste-Marie étaient de 3,840 liv. 7 s. 6 d., les charges de 840 liv., l'excédent de recette de 3,000 liv. 7 s. 6 d.

En 1791, la communauté se compose des religieuses dont les noms suivent :

Marie Rose Audibert, âgée de 54 ans, ayant fait profession depuis........................	30	ans.
Marguerite Cosmes, 80 ans....................	53	—
Louise de Massia, 74 ans....................	51	—
Suzanne Sanche, 56 ans....................	30	—
Catherine Thérèse Viennet, 56 ans............	30	—
Marie Thérèse Sicard, 45 ans................	25	—
Anne de Fosiènes, 48 ans....................	24	—
Marie Claire Delas, 43 ans..................	17	—
Marie Magdeleine d'Homps, 44 ans............	16	—
Claire Fabre, 36 ans........................	8	—
Marianne Bassedas, 25 ans..................	5	—
Marie Rose Chasel, religieuse dame de Ste-Claire, affiliée à la maison par acte du 10 juin 1788, 34 ans..............................	12	—

Sœurs converses

Marie Chabau, 66 ans........................	33	ans.
Marie Nevia, 56 ans........................	30	—
Magdeleine Olive, 58 ans....................	30	—
Claire Audonnet, 50 ans....................	21	—
Françoise Privat, 43 ans....................	15	—
Marie Lapeyre, 37 ans......................	10	—
Marie Agnelier..............................		

Leur situation financière est la suivante, d'après les renseignements fournis au ministre de l'intérieur par le directoire du district :

Revenus

Revenu des fonds d'héritage qui ont été vendus au profit de la nation....................	85l		
Rentes foncières sur des particuliers........	1,980		
Rentes sur l'ancienne province de Languedoc.	122		
Rentes sujettes à la retenue................	1,400		
Rentes sur l'ancien diocèse de Narbonne.....	1,923l	12s	2d
Rentes sur la ville de Narbonne..	221l	1s	
Rentes sur autres communes et particuliers..	623l	3s	3d
	6,354l	16s	5d
Les charges s'élèvent à....................	651l	16s	11d
De manière que le revenu net qu'elles ont laissé à la nation a été déterminé par le directoire du département à la somme de...........	5,702l	19s	6d

Dans cette somme sont comprises celle de 30 livres donnée aux religieuses par l'ancien diocèse à titre de gratification ou aumône, et celle de 311l 0s 9d pour supplément d'un pour cent à leurs anciennes rentes réduites, et ce à la suite d'un arrêt du conseil du 5 septembre 1756.

Ce revenu, partagé entre douze sœurs de chœur et sept converses, donne à chacune des premières 367l 18s 8d et à chacune des dernières 183l 19s 4d. Telles sont les pensions qui sont payées à l'économe pour chacune d'elles. Trois cependant sont payées à part à trois sœurs qui sont depuis longtemps hors de la maison; ces trois religieuses ont prêté serment à la constitution civile du clergé, et, à cause de la diversité d'opinions religieuses, elles ont quitté l'établissement, dans l'espoir cependant d'y rentrer, quand le reste de la communauté réfractaire à la loi du serment aura été cantonné ou expulsé.

Il n'existe dans les archives des religieuses de Notre-Dame aucune pièce qui fasse connaître le lieu de leur sépulture; quelques dames du monde seulement, sans doute retirées dans le couvent, obtinrent la faveur d'être enterrées dans l'église du monastère, ainsi que l'attestent les déclarations suivantes :

Le 11 mai 1723 est décédée dans notre maison dame Françoise de Bénévent de Salles, v[e] de M. de Campein de St-Julien, ingénieur du roi, chevalier de St-Louis, et a été enterrée le lendemain 12 dans la chapelle du Sacré-Cœur de Jésus de notre église. Thérèse de Moujan, supérieure, signé.

Le 15 janvier 1725 est décédée dans notre maison dame Élisabeth de Montredon, v[e] de M. de St-Amans. Elle a été enterrée dans la chapelle du Sacré-Cœur de Jésus de notre église. Thérèse de Moujan, religieuse de Notre-Dame, supérieure, signé.

Le 2 août 1737 est décédée dans notre maison dame Marguerite de Villedo, v[e] de M. de Polastre, président au présidial de Castelnaudary et vicomtesse Dandretet ; elle a été enterrée dans notre église au bas de la sainte table. Marguerite Fabre, r[se] de Notre-Dame, supérieure, signé.

Le 2 août 1762 est décédée dans notre maison Mlle Marie Rose Baliste, fille de M. Baliste, avocat de cette ville; elle a été ensevelie dans notre église à la chapelle de St-Joseph. Marianne de Pantas, r[se] de N. D., supérieure, signé.

Le 8 février 1768 est décédée dans notre maison dame Marie Martrin de Donos, v[e] de M. de Montagnac, chevalier de justice de St-Lazare et chargé des affaires du Roi à la cour de Portugal ; elle a été ensevelie dans notre église à la chapelle de St-Joseph le 10 février. Marianne de Pantas, r[se] de N. Dame, supérieure, signé (1).

A la Révolution, l'administration du département adjugea les bâtiments du couvent Notre-Dame, les 26 fructidor an IV et 1er vendémiaire an VI, aux citoyens Peyre père et Louis Dureau, qui les partagèrent ensuite avec les sieurs Maury, Cassan, Marie Andrieu, Marie Figeac, Estève, Jouvenet, Riols, David, Loumagne et Messine (2).

---

(1) Ces actes de décès sont extraits d'un nécrologe conservé par les religieuses de Notre-Dame. — Quand on installa la cuisine du Petit-Séminaire, dont certaines parties sont des dépendances du couvent Notre-Dame, on trouva un caveau voûté, dans lequel plusieurs cadavres de religieuses étaient assis sur des banquettes de pierre ; ils furent portés au cimetière de Bourg.

(2) Le couvent de Notre-Dame a été restauré à Narbonne le 1er novembre 1823 par la Révérende Mère Duterrail, de la maison de Toulouse, appelée par M. Anne Cyprien Angles, chanoine et curé de St-Just. Des classes furent

VI

Les Ursulines furent établies à Narbonne le 6 août 1658 par M. le duc Marie-Hippolyte de Villars-de-Brancas; la sœur de ce dernier fut la première supérieure de la communauté et fut remplacée à son décès par la sœur Dauceresses. Elles suivaient la règle de St-Augustin, et étaient vouées par leur institut à l'enseignement public. Elles s'installèrent dans l'île Saint-Maur et Saint-Crescent, quartier de Lamourguier.

Le couvent des Ursulines touchait les remparts de la ville. En 1667, Madame l'abbesse de Villars représenta à M. François de Montier, comte de Mérinville et de Rieux, gouverneur de Narbonne, « que l'enclos du monastère estant fort étroit et dans lequel on voit de tous costés à cauze de la hauteur des remparts, il luy seroit fort nécessaire pour la seureté et sa cloture d'avoir la faculté d'enclore de murailles une partie desdits remparts et d'esten-

---

ouvertes pour l'instruction des jeunes filles le 2 novembre, la maison fut autorisée comme établissement d'instruction le 11 février 1827, et a été successivement dirigée par les supérieures dont les noms suivent :

Marie Françoise Boyer (1823-15 sept. 1826, jour du décès);

La R. Mère Dalas (8 oct. 1826-1828; part pour Toulouse);

Thérèse Dupuy (2 juillet 1828-24 mars 1832; décédée le 16 novembre 1833);

Justine Nolé (24 mars 1832-1848; décédée le 13 février 1878);

Élisa Méric (1848-1850; part pour Toulouse);

Eugénie Pénil, élue le 11 avril 1850 et décédée le 6 août de la même année;

Marie Bouissou (15 août 1850-10 juillet 1857, jour de son décès);

Amélie Bourlet de St-Aubin (24 juillet 1857-23 avril 1862, époque de sa mort);

Henriette Darles (29 avril 1862-17 février 1892, jour de son décès).

Lucie Regraffe (20 février 1892, en exercice).

dre ladite muraille en droite ligne. » M. de Mérinville répondit à cette requête le 12 octobre 1667. La clôture qu'on demandait à établir ne présentant aucun inconvénient pour le service des remparts, « attendu que d'icelle jusques aux murailles de la ville il restera encore plus de six canes et demy de distance et de vuide, considéré d'ailleurs que pareille permission a esté autrefois accordée aux PP. Minimes par feu M. le comte Quincé et par feu M. de Ricardelle, » M. de Mérinville autorisa Madame de Villars à enclore et à joindre à son monastère une partie de la voie militaire, et à agrandir ainsi le jardin du couvent. Un brevet du roi, en date du 10 mai 1672, confirma cette autorisation que prétendait révoquer M. Laprade, successeur de M. de Mérinville. Enfin le 30 mai de la même année, le marquis de Castries, gouverneur de Languedoc, ordonna que la dame abbesse jouirait de l'autorisation « soubs les conditions y apposées. »

On pénétrait dans le couvent par une porte de modeste apparence, et un passage, dont le plancher laissait voir des poutrelles, conduisait à une cour de petites dimensions sur laquelle donnait une grande salle, qui devint plus tard une salle de bal, quand le couvent passa entre les mains de la famille Baudouy. Les dépendances du couvent devinrent la propriété des familles Daries, Prosper Sabatier et Calmettes. On y établit des fabriques de vert-de-gris et un moulin à huile. La disposition des locaux fut complètement bouleversée, et aujourd'hui il serait difficile d'indiquer où étaient la chapelle, le réfectoire et les autres salles du couvent.

Mentionnons une donation importante faite en vue de la fondation du couvent des Ursulines. Le 14 octobre 1626, demoiselle Marguerite de Montredon, fille de noble François de Montredon, seigneur dudit lieu, et de dame Françoise de Frayssinet, voulant se faire religieuse pour la vie et « sachant la résolution qui a esté prise par des personnes dévotes et religieuses de fonder en la présente ville de Narbonne un monastère de religieuses de Ste-Ursule, ordre de St-Augustin, auquel elle désire être receue et agrégée, » donne au monastère qui sera fondé 8,000 livres sur ses biens pour la supérieure et les religieuses. L'acte est reçu par Me D. Bosquet, notaire à Narbonne, en présence de MM. Jean Dautroche, prêtre du lieu de Montredon, Antoine Darnaudy, bourgeois, et Jean du Tour, bénéficier de l'église de Narbonne.

« Les robes des Ursulines sont noires et de serge ou d'autre étoffe selon les différents pays; elles ne sont pas fort larges ni coupées à la ceinture; il n'y a ni arrangement de plis ni aucun autre ornement, et les manches en sont médiocrement larges. Elles sont ceintes d'une ceinture de cuir noir, large d'environ un pouce avec une boucle de fer; leurs jupes sont de serge grise, sans être teintes; leur voile de toile noire doublé par dedans de toile blanche de lin, avec une guimpe de même, aussi bien que le bandeau et la bande de toile qui couvre leurs cheveux et tout le front; par dessus le voile noir elles en portent un autre d'étamine ou de toile noire claire, qu'elles doivent abaisser quand elles parlent à quelqu'un, en sorte qu'on ne les puisse pas reconnaître. A l'église et dans les cérémonies elles ont de grands manteaux aussi de serge noire, mais plus légère que celle des robes. Les sœurs converses sont habillées comme les religieuses du chœur, excepté que leurs manteaux sont de demi-pied plus courts que leurs robes, et les manches des robes plus courtes et plus serrées au poignet » (1). Il n'existe que de légères différences entre ce costume, qui est celui des Ursulines de la congrégation de Paris, et le costume porté par les congrégations du même ordre.

---

(1) Encyclopédie théologique de Migne, *Dict. des Ordres religieux*, t. III, v° URSULINES (religieuses), § 3.

L'enquête de 1787 indique 12 religieuses de chœur, 1 novice, 2 converses, 3 domestiques.

Revenus

Contrats sur la province	796 liv.
Sur le diocèse	786 —
Intérêt sur les Bénédictins de Narbonne, du capital de 2,600 liv	130 —
Rentes de plusieurs particuliers	297 —
Aumônes de la province	200 —
Dettes de l'assiette	30 —
Produit du jardin	60 —
Pensions viagères de plusieurs religieuses	1,700 —
Produit annuel de 20 à 25 pensionnaires	4,622 —
TOTAL	8,621 liv.

Dépenses

Dépenses pour les blés de l'année	2,452 liv.	7 s.
Dépenses de bouche pour toute la maison	2,481 —	55 s.
Huile	463 —	15 s.
Sel	129 —	16 s.
Bois et charbon	600 —	
Vestiaire des religieuses	400 —	
Médecin et chirurgien	100 —	
Apothicaire	300 —	
Gages des servantes	150 —	
Taille et décimes	35 —	3 s.
Chapelain et curé	236 —	
Entretien de la sacristie	300 —	
Entretien du linge, meubles de la maison et réparation des bâtiments	800 —	
	8,448 liv.	16 s.
EXCÉDENT DE RECETTES	172 liv.	4 s. (1)

(1) Le Pouillé Caldaguez évalue les revenus des Ursulines à 2,430 liv., leurs charges à 1,080 liv., de sorte qu'il leur reste net 1,400 liv.

D'après l'enquête, ce couvent est très utile pour l'éducation de la jeunesse: « on y puise de bons principes, et les jeunes demoiselles qui en sortent donnent une pleine satisfaction à leurs parents. »

En 1791, elles retirent de l'ancien diocèse une somme de 30 liv. en aumône ou gratification et celle de 174 liv. 4 s. en supplément d'un pour cent à leurs rentes réduites. Mais, comme ces deux sommes sont les seules qui leur soient payées aux frais du public et qu'elles n'ont jamais tenu des écoles publiques, le directoire du district croit inutile de fournir à leur égard au ministre de l'intérieur des renseignements plus étendus.

Les Ursulines quittèrent leur couvent le 12 octobre 1792, et leur établissement fut adjugé à François Courvezy, tanneur.

VII

Les Filles de la Croix furent appelées à Narbonne par l'archevêque François Fouquet. Le 9 février 1672, un acte passé entre Pierre-Germain de Pimont, intendant des affaires et de la maison de l'archevêque, agissant comme son procureur spécialement fondé, et sœur Françoise Guyonneau, supérieure des sœurs de la congrégation de la Croix, à Paris, établissait dans la ville de Narbonne trois sœurs de cette congrégation, qui devaient se livrer à l'instruction et à l'éducation gratuites des filles pauvres de la ville, « leur aprendre a lire et escrire et les eslever dans les exercices et devoirs de piété » (1). Le nombre des sœurs devait être porté à six par l'admission et l'agrégation de sœurs du pays. L'archevêque dotait le nouvel établissement d'une rente annuelle de 900 livres. Au moyen de cette rente, les sœurs s'engageaient à parer annuellement à tous les frais de logement, nourriture, chauffage, etc., de diverses retraites spirituelles, ayant une durée de huit à dix jours, suivies dans leur couvent par un nombre de jeunes filles ou de femmes mariées, de vie et mœurs irréprochables, mais sans distinction de qualité et de condition, dont le nombre pouvait être porté jusqu'à vingt personnes pour chaque retraite. L'acte fut reçu par Nicolas-Armand Valin de Sérignan, notaire au Châtelet de Paris (2).

François Fouquet installa les Filles de la Croix dans une maison située près de l'église N.-D. de la Major, qu'il leur donna, et qu'il avait acquise de MM. de Soubiran et Baleste. La rue où elle se trouvait portait le nom de rue de la Croix, aujourd'hui rue Auber. Un cimetière était annexé au couvent; c'est actuellement une dépendance de la maison Planton. Il y avait aussi une chapelle.

La communauté, étant devenue plus nombreuse, dut songer à s'agrandir et acquit les immeubles avoisinants, en 1680 notamment une maison appartenant à M. Jacques Grès, sise dans l'île St-Laurent (3). Cette dernière maison

---

(1) Lettres patentes, datées de St-Germain en Laye (1672), contresignées Phélypeaux, par lesquelles le roi permet dans la ville de Narbonne « l'établissement en communauté de femmes veuves et filles de la congrégation de la Croix, » les autorise à y faire « leur demeure et fonctions selon leurs constitutions..... comme aussi d'accepter telles donnations et concessions que la charité d'aucuns dudit païs pourrait leur départir.....» Les dites lettres enregistrées au parlement de Toulouse le 17 août 1672. (Arch. dép. de l'Aude, 10 H. 4).

(2) Arch. comm. de Narbonne, AA. 114, cartulaire B, f° 179.

(3) Elle appartient aujourd'hui à la famille de Stadieu.

communiquait avec le premier corps de logis au moyen d'un passage fermé jeté sur la rue et qui fut enlevé après la suppression de l'ordre (1). Une plaque commémorative a été placée, il y a quelques années, sur une des dépendances de l'établissement.

« Les Filles de cette congrégation, tant celles qui font des vœux que celles qui n'en font point, sont habillées de noir. Elles ont un mouchoir de cou en biais. Celles qui font des vœux portent une petite croix d'argent, et les autres une petite croix de bois » (2).

L'enquête de 1787 nous fait connaitre la situation à cette époque de la congrégation des Filles de la Croix (3).

Les religieuses sont au nombre de 25, dont 20 professes et 5 novices. Il y a 9 sœurs: 7 converses et 2 novices. Leurs revenus se décomposent comme suit:

Mandement sur la province................	2,114 liv.
Sur le diocèse..............................	1,353 —
Sur la ville...............................	355 —
Sur le clergé..........................	224 —

(1) Les sœurs de la Croix demandent en 1680 l'autorisation de joindre leur maison avec celle qu'elles ont été obligées d'acquérir des héritiers de M. Jacques Grès, avocat, qui est de l'autre côté de la rue, au moyen d'un passage souterrain ou d'une « galerie en haut » ; elles ne peuvent « aller dans cette maison durant la nuit ni pendant le jour sans une indécence notable contrairement à leur closture puisqu'il leur faudroit a tout moment traverser la rue, ce qui seroit scandaleux et de mauvais exemple. » L'autorisation leur est donnée le 16 juillet 1680, ainsi qu'il conste d'un extrait des registres du bureau général de la police de Narbonne. (Arch. dép. de l'Aude, 10 H. 4).

(2) Encyclopédie théologique de Migne, *Dict. des Ordres religieux*, t. I, v° Croix (Congrégations diverses des Filles de la).

(3) Le Pouillé Caldaguez s'exprime ainsi :

« Les Filles de la Croix de Narbonne jouissent de deux jardins potagers, de deux champs olivettes, d'une vigne produisant 20 muids de vin, d'une maison à four, d'une œuvre du salin, d'intérêts de capitaux considérables, des profits sur les pensions, etc. Leur revenu net est évalué à 3,600 liv. Imposées au 30e elles doivent payer 120 liv. »

Sur Puisserguier	14 liv.	
Sur Paris	100 —	
Sur l'évêché de Carcassonne	100 —	
Rente de deux jardins	500 —	
Id. d'un four	36 —	
Fondations	150 —	
Rente sur M. de Chefdebien	60 —	
Sur les salins départis	230 —	15 s.
Intérêts de la sœur Ferrier	75 —	
Blés des champs	695 —	10 s.
Huile, année commune	369 —	15 s.
Vins, année commune	157 —	
Paille et herbages	150 —	
Pensionnaires communément	8,278 —	5 s.
Bureau tipographique	535 —	
Quatre minots de sel	91 —	5 s.
Sur les salins	33 —	6 s.
TOTAL	15,621 liv.	16 s.

Dépenses

Nourriture	9,561 liv.	3 s.
Toiles et blanchissage	504 —	
Habits	605 —	8 s.
Souliers	150 —	
Charbon	600 —	
Ménagerie	196 —	19 s.
Mercerie	94 —	
Entretien de la maison	925 —	14 s.
Vignes	100 —	
Aumônes	120 —	
Port de lettres	54 —	
Chapelin	216 —	
Clerc	18 —	
Sacristie	272 —	
Médecin	48 —	
Apothicaires, chirurgien et remèdes	543 —	
Taille à Narbonne	515 —	10 s.
id. à Sigean	53 —	8 s.
Décimes au chapitre St-Just	155 —	
Au commandeur	33 —	4 s.

A l'archevêque..........................	6 liv.	
A M. Grimaud........................	17 —	17 s.
Au domaine.............................	5 —	5 s.
Au chapitre St-Paul.....................	4 —	8 s.
	14,808 liv.	16 s.
Excédent de recette......	813 liv.	

L'enquête ajoute que la maison est très régulière, que les dames qui la composent se conduisent d'une manière on ne plus satisfaisante, soit pour la religion, soit pour l'éducation des jeunes pensionnaires qui leur sont confiées, et qu'il est par conséquent nécessaire de conserver des personnes aussi intéressantes à la religion et à l'État.

La fabrique de Saint-Just possède un registre où sont contenus les actes capitulaires, les actes de vêture et les professions de foi des Filles de la Croix, de juin 1706 à février 1789. Nous y avons relevé les noms marquants de quelques-unes des religieuses qui firent profession à Narbonne; en général, les personnes composant cette communauté ne sont point de qualité.

1743 (1). Angélique Bourgat, du lieu et citadelle de Montlouis (fille de Michel Bourgat, trésorier des troupes du Roi, et Françoise de Labarte).

1746. Marie Anne de Thesan, de St-Geniès (Messire Hercule de Thesan, chevalier de l'Ordre militaire de St-Louis capitaine dans le régiment de Lyonnais, et Jeanne de Carrière).

1746. Nicolas Benoite Marie Thérèse Tournier, de Sarragosse (Messire Jacques Tournier, colonel du régiment de Bourgogne dans les armées du Roi, et Anne de Guillon).

1755. Geneviève d'Ollivers, de Lyon (M. d'Ollivers, receveur des fermes du roi, et Marie de Momon).

(1) C'est la date de la prise de voile.

1760. Marie de Cathelan de Graves, de Brusque, diocèse de Vabres (noble Jean Joseph de Cathelan, seigneur de Saint-Men, et Élisabeth de Dumas).

1783. Françoise de Lescure, de Puisserguier, diocèse de Narbonne (Messire noble François de Lescure et Anne de la Rentière).

1787. Élisabeth Justine Lecoq, de Murviel (Messire Louis Étienne Lecoq, chevalier de l'Ordre royal et militaire de Saint-Louis, ancien capitaine de dragons, et Marie Dalleirac).

Le registre de Saint-Just nous fournit également le nom des supérieures des Filles de la Croix de 1706 à 1784. C'est ainsi que nous trouvons:

1706. Marie Madeleine Liebaut.

1714. Élisabeth Hanot.

1724. Catherine Pinaud, supérieure; Élisabeth Hanot, assistante.

1733. Élisabeth Hanot, supérieure; Catherine Pinaud, assistante.

1738. Jeanne Cabannes, supérieure; Élisabeth Hanot, assistante.

1741. Élisabeth Hanot.

1747. Catherine Pinaud.

1753. Marie Anne Boyer, supérieure; Catherine Pinaud, assistante.

1759. Marie Marragon, supérieure; Marie Anne Boyer, assistante.

1764. Marie Anne Boyer.

1768. Françoise Gout.

1784. Jacquette Lefebvre, supérieure; Françoise Gout, assistante.

En 1791, disent les renseignements fournis au ministre de l'intérieur, les bâtiments formant l'établissement des

Filles de la Croix sont très vastes et en bon état. Ils s'étendent sur deux îles voisines et sont mis en communication par un passage ou corridor, au-dessous duquel est une rue qui divise les deux corps de bâtiments.

Le personnel de la congrégation est ainsi composé:

Jacquette Lefebvre, 67 ans, ayant fait profession depuis........................	48	ans.
Françoise Gout, 77 ans........................	44	—
Thérèse Tournier, 63 ans........................	45	—
Marie Anne Thézan, 66 ans........................	42	—
Catherine Bermond, 65 ans........................	41	—
Jacquette Aubert, 64 ans........................	39	—
Geneviève d'Ollivers, 57 ans........................	34	—
Marie Pommier, 54 ans........................	34	—
Marie de Graves, 47 ans........................	29	—
Marie Jeanne Baissas, 45 ans........................	23	—
Rose Valès, 45 ans........................	23	—
Marie Rose Ferrier, 46 ans........................	21	—
Geneviève Prévot, 41 ans........................	20	—
Marie Catherine Roque, 37 ans........................	11	—
Catherine Roque, sœur de la précédente, 31 ans.	11	—
Françoise Pech Laclause, 27 ans........................	6	—
Élisabeth Lecoq, 23 ans,........................	3	—
Marguerite Rouvière, 33 ans........................	3	—
Marie Rouvière, sœur de la précédente, 25 ans.	3	—
Nicole Françoise Langel, 24 ans........................	2	—

Sœurs converses

Catherine Rose Laval, 76 ans........................	52	—
Philippe Castres, 64 ans........................	38	—
Catherine Déjean, 40 ans........................	14	—
Marie Gairaud, 35 ans........................	7	ans.
Louise Privat, 47 ans........................	6	—
Geneviève Vidal, 29 ans........................	2	—

Au début, les ressources des Filles de la Croix ont été modestes; mais leurs biens et leurs revenus se sont augmentés avec les bénéfices que la congrégation a pu faire sur les demoiselles pensionnaires ou par les donations de divers particuliers. Voici en quoi consistent ces revenus en 1791 :

Intérêts sur la ville de Narbonne	265^{l}	
Intérêts sur la commune de Puisserguier	14	489^{l}
Intérêts sur des particuliers....	210	
Intérêts sur la nation à cause de l'évêché de Carcassonne......	100	
Rentes sur le diocèse non sujettes à retenue....................	475	
Rentes sur le diocèse sujettes à retenue.....................	1,191	4,087^{l} 9^{s} 5^{d}
Rentes sur l'ancienne province de Languedoc sujettes à la retenue	1,871^{l} 9^{s} 5^{d}	
Rentes non sujettes à la retenue.	450	
Revenus des biens-fonds d'héritage par bail à ferme.........	550	1,550
Revenus d'après leur régie, environ.........................	1,000	
		6,126^{l} 9^{s} 5^{d}

Charges

Imposition foncière, environ.....	300	388^{l} 10^{s} 5^{d}
Droits ci-devant seigneuriaux...	88^{l} 10^{s} 5^{d}	
REVENU TOTAL.............		5,737^{l} 19^{s}

Dans ces revenus sont comprises la rente formant la dotation de l'établissement, qui, à raison de son ancienneté, se trouve réduite au dessous de cinq pour cent, celle de 189^{l} 9^{s} 4^{d} accordée par arrêt du Conseil du 5 septembre 1756 pour supplément de un pour cent des anciennes rentes, et 30 livres à titre de gratification ou aumône. Le surplus appartient en propre aux Filles de la Croix et est le fruit de leur travail.

L'établissement des Filles de la Croix fut adjugé le 28 fructidor an IV à Roch Fraisse qui partagea son acquisition avec les sieurs Pierre Caraguel, Joseph Donnadieu et Bernard Molinier.

www.ingramcontent.com/pod-product-compliance
Ingram Content Group UK Ltd.
Pitfield, Milton Keynes, MK11 3LW, UK
UKHW012240240726
13966UKWH00003B/1178